NISHIYAMA Chieko + TSUGE Azumi

文科省／高校「妊活」教材の嘘

西山千恵子・柘植あづみ 編著

論創社

まえがき

二〇一五年八月、文部科学省は高校生向け保健体育の啓発教材『健康な生活を送るために（平成二七年度版）』を改訂して発行した。ところが、まもなくこの副教材に掲載されている「女性の妊娠のしやすさの年齢による変化グラフ」が改ざんされていたことが判明した。そのグラフでは女性の妊娠しやすい年齢のピークが二二歳に設定されており、若いうちに妊娠・出産させる方向に誘導しようとする意図が透けて見えた。

副教材の妊娠・出産に関するページには、他にも同じ効果を狙ったと思われるような「間違い」や不適切な記述がいくつも見られた。その分野の専門家たちが関わっていながら、なぜ改ざんや間違いは見過ごされたのか？――この経緯と内容を明らかにしていくのが本書の目的の一つである。だが、ことは副教材に留まらない。

二〇一五年に政府が決定した新たな少子化社会対策大綱は「学校教育において、正しい知識を教材に盛り込む取組などを進める」とし、その眼差しを子どもたちの教育にも向け始めた。そこで内閣府と文科省が連携して実施したのが、早めの結婚・妊娠・出産を仕向けるよう、関連のページを強化した副教材の改訂であり、全国配布なのだった。高校生向け国策「妊活」教材の誕生である。

この大綱の策定には、日本産科婦人科学会、日本生殖医学会など九つの専門家団体の政治的動きがあったこと、またこの九団体が改ざんされたグラフや「日本人は妊娠・出産の知識が極めて低い」とする怪しげな「国際比較調査」を内閣府に提出していたこともわかってきた。少子化対策を進める政治家と専門家集団が結託する事態が見えてきた。

本書は戦前、戦中から現在にいたる人口政策・少子化対策の動向を射程に入れている。少子化の危機が声高に叫ばれる現在、少子化対策はいよいよ結婚・妊娠・出産するよう直接、圧力をかける段階に至った。本書出版の準備中にも「支援」と称する結婚・妊娠・出産の奨励事業は全国の自治体で展開され続けている。早く結婚させ、若いうちからたくさん産ませようと、戦前と同じ発想の政策が形を変えて繰り返されている。

少子化対策として次から次へと繰り出される施策のなかで、結婚、出産は個人の選択という基本が形骸化されてきた。そうした流れにあって、本書はまた、性と生殖の自己決定という、理念と実践の再生を願う書でもある。

国の「産ませる」という政策的な意図と、学術・専門家団体の権力への欲望が結び合うとき、「科学的知識」に何が起こり、それは社会の中でどのように機能するのか。専門家たちによって権威付けられた「科学的知識」が正しいのか歪んでいるのか、それを誰が確認できるのか。教育現場の教員や生徒たち、そして市民はいかにより適切な情報にアクセスできるのか。これらについて考えるための材料を提示することが、本書のもう一つの目的である。

本書が少子化時代のプロパガンダに抗し、これらの問いを解くための糸口となれば幸いである。

二〇一七年三月

編　者

目次

序章　高校保健・副教材事件とは何か……………………西山千恵子

1 少子化危機の突破は中学・高校の教育から？

戦後七〇年を迎えた二〇一五年八月、政治の争点は安保法案の行方に集中していた。国会周辺は法案に反対する人々で埋め尽くされ、安保法制の成立は戦後の決定的な転換点とも言われた。そしてその同じ八月、教育の場にもう一つの転換が訪れていた。少子化対策の教育現場への導入である。二一日、有村治子内閣府特命担当大臣[1]（当時）が少子化対策担当として、高校・保健体育の啓発教材の改訂と、全国の高校一年生への配布を発表したのだ（内閣府、二〇一五c）。

今般、文部科学省において、高等学校の保健体育の啓発教材、「健康な生活を送るために」が改訂されました。改訂に当たっては、文部科学省と内閣府が連携をして、妊娠・出産に関するページにおいて、妊娠のしやすさが年齢に関係していること、また、男女ともに不妊の原因になる可能性があること、若いうちからライフデザインを考えることが重要であること、また、安心して産み育てられる社会の実現に向けた育児休業制度など、これまであまり取り上げられてこなかった、医学的・科学的に正しい妊娠・出産の知識等について記述をしていただいたことをお知らせいたします。（以下略）

有村内閣府特命担当大臣記者会見要旨 平成二七年八月二一日

文部科学省が発行した高校保健体育の啓発教材『健康な生活を送るために（平成二七年度版）』（以下、高校保健・副教材または副教材）は健康に関わる生活習慣、心の健康、感染症、がん等の疾患などについての情報が記載されているA４判の冊子である。二〇〇六年に初版、二〇〇八年に改訂版が作製され、再度の改訂である。少子化対策が盛り込まれた今回の改訂では「妊娠・出産に関するページ」（三八―四一頁）は前年度よりも倍増し、「19　安心して子供を産み育てられる社会に向けて」と「20　健やかな妊娠・出産のために」があてられた。四五頁中の四頁を占めている。

有村大臣が発表した当日、毎日新聞（東京版夕刊）は「文科省　妊娠しやすさと年齢、副教材に高校生向けに作製」と報道し、副教材にある「女性の妊娠のしやすさの年齢による変化グラフ」（以下、「妊娠しやすさグラフ」）の写真を掲載した。

2　産め産め詐欺グラフ――そのうえ正誤表も不適切

ところがこの記事が報道されるや、ツィッターでは様々な専門家たちが報道された写真から「妊娠しやすさグラフ」の出典を探し出して検証し、副教材のグラフが、その「出典」（O'Connor et al. 1998）にあるグラフとは、曲線の形状や縦軸のタイトルが違うこと、出典の表示が不適切であることなどを議論し始めた（詳細は第一章参照）。副教材のグラフでは妊娠しやすさのピークが二二歳になっており、その後は鋭い角度でガクンと落ちていく。そのうえピークの二二歳が強調されるようにグラフの頂点と二二歳の目盛が点線で結ばれ、「医学的に、女性にとって妊娠に適した時期は20代」との解説までついている(第一章・図1-1)。一方、「出典」とされたグラフでは妊娠しやすさのピークが二六歳くらいまで変わらず、その後の低下もゆるやかだ。つまり、副教材のグラフは、妊娠しやすさが二二歳を過ぎると女性の加齢とともに急速に衰えていく形に改ざんされている。

もともと「妊娠・出産に関するページ」が、「少子化対策」として編まれたことを考えると、二二歳を妊娠しやすさのピークとするグラフの掲載は、若い時期での妊娠・出産を促すよう、意図的に企まれたかのような匂いがしてくる。それはもしやオレオレ詐欺ならぬ、産め産め詐欺グラフ?

有村大臣の「医学的・科学的に正しい知識」の会見から四日後の八月二五日以降、ネットでの指摘をもとに、各紙(朝日、読売、毎日、日経、共同)が「妊娠しやすさグラフ」に誤りがあると一斉に報じ始めた。文科省は早々とグラフの誤りを認め、八月三一日には正誤表(訂正版グラフ・第一章図1-4参照)の配布を教育委員会や学校に通知した。(2) しかし毎日新聞はさらに九月二日に「訂正後、まだ不適切」とする記事を掲載した(東京版朝刊)。記事では、文科省が「正誤表」として配布した「訂正版グラフ」は「性交頻度の影響を除いていないため、女性の肉体的な妊娠しやすさとは大きく異なるグラフとなっている」と指摘した。正誤表のグラフもまた医学的な「女性の妊娠のしやすさ」を示すものではなかったのだ。にもかかわらず文科省は正しくない「正誤表」を使い続けている。

「妊娠のしやすさ」の要因をすべて雌《メス》としての女性の加齢のせいに帰する(ように見せかける)グラフが学者たちのお墨付きを得て教育の場で「医学・科学的なグラフ」として生徒らに提示され続ける。

これでは女子生徒らに、自分の身体や加齢に対して無用な劣等感や一方的な負担感を刷り込んでしまうのではないか。

3　他にも出てきた出産誘導の改ざんと記述

こうした報道がおりしも安保法制が成立しようとしつつある時期の出来事だったこともあり、本書の執筆者らのあいだでは、危機感が共有された。戦争できる国への態勢作りと並行してウソ教材を配り、一五、六歳のうちから出産の圧力をかけ始めるわけ？　これは平成版「産めよ殖やせよ」では？　見過ごすことのできない事態になっている、という気持ちがつのり、数人で副教材全体を調べることにした。

まず「妊娠や出産に関するページ」の冒頭からして、女子向けのメッセージである。「男女がともにライフプランを考えることが大切です」とのピンク色の文字の見出しのもとに「A子さんのライフプラン」（傍点筆者）が大きな図で示されている。A子さんは、三〇歳ラインのかなり前に結婚することが図示され、その際に「出産について相談」し、結婚後は「子供は何人欲しい？」となる。そして三〇歳からの「壮年期」は「子育てと仕事頑張る！」という人生設計だ。

A子さんのライフプランは一つの「例示」という体裁だとしても、少子化対策の要請に一致したプランで、いかにも押しつけがましい。実際の女性の平均初婚年齢が二九・四歳（内閣府　二〇一六）であることを考えると、三〇歳よりかなり手前のA子さんの結婚は、女性の平均値を反映させたのではなく、結婚年齢を早めさせようという意図の表れに見える。そのうえ、ライフプランの図の下には「結婚や出産は個人の自由な選択であることが基本ですが、妊娠、出産には適した時期があることを覚えておきましょう。…結婚のタイミングや子供をいつ頃何人欲しいかなど、男女が自分たちの意思をもってライフプランを考えることが、幸せな生涯を送るためにはとても大切です。」という文章が添えられている。高校生相手に「結婚のタイミングや子供をいつ頃何人欲しいか」と、ずいぶんと具体的に立ち入った例示を出していながら、直後に「自分たちの意思をもって」という言葉を挿入しているところなど、わざとらしい。そして最後は「幸せな生涯を送るためにはとても大切」と脅迫めいた空気を漂わせて閉じている。こうしたプランを書かされる授業に少なからぬ子どもたちが苦痛を覚えていることに、教材の製作者たちは想像力を働かせてほしい。

副教材には「妊娠しやすさグラフ」のほかにも「子供をもつことの価値」を強調する方向に数値を改ざんしたグラフが見つかった（後に二枚目の正誤表がだされた）。また、「不妊で悩む人が増えている」といった脅し、計算の合わない数字、不適切で性差別的な表現などが見いだされた。これらの改ざん・不適切表現は殆どが女性を若いうちに産むよう誘導するものだった。内閣府・文科省はたくさんある研究の中から、早く産ませるための都合のいいデータだけを取り出して、教材に利用するという手法をとっていると思える。そんなことだからおそらく原典にあたっての、確認・吟味もしていないのだろう。

私たちはこの問題を正誤表の配布だけで終わらせるべきではない、両府省、また関連する有識者たちにその経緯や責任をただすべき、と考え始めた。それと同時に広く社会に知らせていくために集会の開催やホームページの開設などの活動を開始した。これらの活動については第二章で述べることとする。

4　副教材と「専門家」団体の関係

今回の副教材の改ざんグラフや記述、そして産ませるための少子化対策を高校教育の場に持ち込むという方針そのものについて、妊娠・出産に関する専門家団体が関与していることを見落としてはならない。その専門家団体とは日本産科婦人科学会、日本産婦人科医会、日本生殖医学会、日本母性衛生学会、日本周産期・新生児医学会、日本婦人科腫瘍学会、日本女性医学学会、日本思春期学会、日本家族計画協会の九団体（以下、日本産科婦人科学会など九団体、または九団体）である。

本章の冒頭で紹介した有村大臣の八月二一日記者会見では、副教材の改訂の報告に続いて次のような発言があった。「この春に閣議決定いたしました『少子化社会対策大綱』においては、『学校教育段階において、妊娠・出産等に関する医学的・科学的に正しい知識を適切な教材に盛り込む』としておりました」（内閣府、二〇一五c）。つまり、今回の副教材の改訂はこの「少子化社会対策大綱」に基づいている（第八章参照）。そして、日本産科婦人科学会のホームページによるとその大綱が閣議決定される二週間余り前の二〇一五年三月二日、この九団体が有村大臣に次のとおり「学校教育における健康教育の改善に関する要望書」を提出したとのことである（日本産科婦人科学会ほか、二〇一五）。

【要望】

学校教育では、その時代に必要とされる教育内容を扱うことが重要です。我が国の少子化や人口減少が深刻化している今日、医学的観点からも健全な家族形成が促進できるよう、妊娠・出産の適齢期やそれを踏まえたライフプラン設計について十全な教育内容としていただきたい。

そのため、青少年教育の基礎となる中学校、高等学校の教科書に記述されるよう、学習指導要領において、必要かつ最新の正しい内容を掲載していただきたい。あわせて、副教材にも同様の内容を盛り込んでいただきたい。

こうした九団体の「要望」が少子化社会対策大綱に反映され、副教材の改訂につながったと考えられる。あるいは逆に少子化危機突破を教育で、という内閣府の意向に応えた形で九団体から「要望書」を提出し、その意向を権威付け、補強したとも考えられる。

しかし、第二章でみるように、九団体が要望書と共に提出した「妊娠しやすさグラフ」はすでに改ざんされたグラフであった。また九団体を代表して「要望書」を手渡した（日本家族計画協会、二〇一五）という吉村泰典内閣官房参与（少子化対策・子育て支援）自身によってこのグラフが改ざんされたということも後にわかった。

九団体の要望書には「誤った情報から、妊娠適齢期を逃し、子どもを持ちたいという希望がかなえられない方が多くいます。（中略）妊娠・出産の知識レベルについて、日本は各国に比べて低い水準にあるという研究結果もあり、医学的に正しい知識を、教育課程の中で提供していくことが、人々の希望の実現に不可欠となっています」ともある。しかし、副教材の改ざん「妊娠しやすさグラフ」の掲載や、不適切な「正誤表」（訂正グラフ）の正当化（第一章参照）、「子供を持つことの価値」の誇大宣伝（第三章参照）などをみると、「正しい知識」の大合唱を「人々の希望の実現」のためとする理由付けは、「産めよ殖やせよ」教育であるとの批判をかわすための言い訳ではないかとさえ思えてくる。

5　大臣も妊娠・出産への圧力教材と認めた

「意図的にこういうグラフにしたのでなければ、このようなグラフが出来てしまうということはあり得ないと思うんですね。私は意図的にこうした改ざんが行われたというふうにしか思えない」、「二〇代で早めに結婚して、まあ卵子が、卵が古くなる前に結婚して子供を産んで育てろというような……そういう圧力になるような内容にも受け取られる……」。これは二〇一六年五月二五日の第一九〇回国会参議院行政監視委員会において、神本美恵子参議院議員が副教材の改ざん「妊娠しやすさグラフ」について、馳浩文部科学大臣（当時）に行った質問の一部である。これらの質問に対して馳大臣は次のように答弁した。

「神本委員の御指摘は、やはりそういうふうに御指摘もできると、私もそう思います。まあ、早いうちに産んだ方がいいよ……そういうふうな印象を与えることは私は間違いないと思っています」（参議院、二〇一六）。

文科大臣も、副教材が実際には早くに出産するよう生徒たちに迫る（印象を与える）教材であることを認めざるを得なかった。少子化対策が仕込まれた初の教材が、このような結果に終わったことの教訓は大きい。内閣府・文科省は今後の改訂の中で正確を期していくということであるが、数値が正確なら出産の圧力をかけてよい、というものではないことを特に強調しておきたい。そもそも妊娠・出産教育の必要性が主張されるプロセスそのものにも、信用のおけない社会調査の悪用・濫用があった（第六章参照）。多様な生き方の尊重が示されるべき保健教育を少子化対策に利用しようという姿勢そのものが問われるべきだ。国家による生殖への干渉が教育を通して常態化されてはならない。

政治と専門家団体が手を結び、日本は妊娠・出産の知識レベルが国際的に特に低いという強引な説（第六章）に基づき、「医学的・科学的に正しい知識」の教育の必要を主張する。そして教育の場を産ませるための少子化対策に利用し、「個人の自由」を申し訳程度に添えながら、全国の高校生たちに改ざんデータ等を示して若い年齢での妊娠・出産の圧力をかける。そうした今回の一連の出来事を、高校保健・副教材事件と呼ぶこととしたい。

この事件の解決は、「正誤表」（訂正グラフ）の配布（しかも不適切）や、改訂による小手先の修正で本質的な解決をみるものではないだろう。九団体の要望では「中学校、高等学校の教科書に記述されるよう、学習指導要領において……」云々、ということであるから、目指すべき本丸は教科書への掲載や、教育現場への「少子化対策」のより深い踏み込みであり、副教材は小手調べ、というところかもしれない。副教材に関わった九団体や個人のこの事件についての認識、反省は第二章で紹介する「質問状への回答」でわかるように、心もとない。今後も注視していくことが必要である。

6 本書の構成

ここで本書の構成を簡単に記しておく。

第一章「グラフを見たら疑え――『専門家』が誘導する非科学」を執筆している高橋さきのは副教材の最初の記事がネットに掲載された翌日にも「妊娠しやすさ」グラフの傾きの間違いを直感し、早い段階で出典のグラフとの照らし合わせの作業に当たるなどして「ウェブ集合知」に貢献していった一人である。高橋は第一章でグラフの来歴についてその出典を遡りながら詳細に検証、そこでは「副教材に書かれた解説からは到底想像できないような世界が広がっていた」という。

第二章「『高校生にウソを教えるな！』集会と『専門家』たちへの質問状」では西山千恵子が、改ざんグラフの発覚をきっかけに発足した「高校保健・副教材の使用中止・回収を求める会」の活動の概要と日本生殖医学会などへの質問状を報告している。

鈴木良子は第三章「『子ども＝生きがい』言説の危うさ」の中で、「子供はどのような存在か」を尋ねた調査方法の問題や数値の改ざんを明らかにする。しかし、鈴木がこの章で主眼を置いて批判するのは数字の改ざん問題よりは、むしろ生徒たちに「子ども＝生きがい」の意識づけをする副教材の姿勢そのものである。それは「医学・科学」とは関係のない、「不妊」の排除、出産バンザイのイデオロギー教育と変わりがないからである。

子どもは「生きがい」と誇張された後、次に目に飛び込むのは、一転して「不妊で悩む人が増加している」という脅しめいたキャプションだ。その下には急増を示す右上がりの棒グラフが示され、不安を煽り立てる。グラフは何を表すのか？

柘植あづみは第四章「『卵子の老化』騒ぎと選択——考えるために必要な情報を」でこのグラフを詳細に解説するとともに、「卵子の老化」という言葉の流通を追い、「医学的・科学的に正しい知識」が単なる「知識」として必ずしも中立的なものではないこと、一つの政治戦略となっていることを明らかにしている（「知識」とはそもそもそういうものなのだ）。そして妊娠・出産の選択を自らよく考えていくためにはどのような情報をどのような方法で提供すべきか、そのあり方を示している。

副教材の問題箇所は、妊娠・出産ばかりではない。大塚健祐は第五章「隠蔽される差別と、セクシュアル・マイノリティの名ばかりの可視化」の中で副教材における同性愛者の不可視化や異性愛中心主義に切り込み、教育の場に少子化対策が介入してきたことで異性愛規範が強化されたことを明らかにしている。

さて、学校教育段階で新たに「医学的・科学的に正しい妊娠・出産適齢期」教育を導入し、普及させるためには、「知らないから教える」という正当な根拠がいる。その正当な根拠として数年前から国会議員や専門家らによって、頻繁に持ち出されているのが各国の妊娠・出産についての知識を測ったスターティング・ファミリーズ（国際）調査である。その調査によると日本人の妊娠・出産に関する知識は「世界でも最低レベル」なのだそうである。だから若いうちから「妊娠・出産適齢期」の教育を、という理屈となる。だが、それは本当なのか。

田中重人は第六章「日本人は妊娠・出産の知識レベルが低いのか？――少子化社会対策大綱の根拠の検討」の中で、スターティング・ファミリーズ調査の調査方法を調べ、この調査の「あまりにも」な質の低さを明らかにし、国際比較には不適切な調査であることを主張する。そのあまりにも質の低い「国際」調査にお墨付きを与え、少子化対策の推進力としてきた専門家らに対し、田中は「怠慢」、あるいは分かったうえで「悪用してきたなら論外」と厳しく断じる。

大橋由香子は第七章「人口政策の連続と非連続――リプロダクティブ・ヘルス／ライツの不在」の中で、戦時下の人口増加政策をたどり、現在との共通点、相違点を探っている。堕胎罪と優生保護法をめぐる女性運動の中で、「性と生殖に関する健康と権利」（リプロダクティブ・ヘルス／ライツ）という理念と実践が積み重ねられてきたが、性教育の締め付けなどの反動もあった。大橋は現在の「結婚・妊娠・出産支援」の全国展開の中では「産む・産まないは個人が決める」という特に女性にとっての重要な権利が、空文化どころか、逆利用さえされている実態があると指摘し、日本の近現代という視野から現在の状況に警鐘を鳴らす。

第八章「『結婚支援』と少子化対策――露骨な人口増加政策はいかにして現れるか」では、皆川満寿美が「少子化対策」の動向を一九九〇年代から概観する。皆川は、副教材の根拠である少子化社会対策大綱の策定における有村大臣の「歯をくいしばって」の意気込みを紹介、そこに「『女性たちに二〇代で（結婚させて）産ませたい』という強力な意思」を読み取る。現在、少子化対策は大学・企業を巻き込んだ「結婚支援」に目を向け始めた。この先、どこに向かっていくのだろう。

これまで副教材の問題点の指摘、批判、あるいはその使用中止・回収の要求に対して頻繁に出会ってきたのは「でも、知識は必要でしょう？」といった反応である。こうした問いには、第一章（高橋）、第四章（柘植）、第七章（大橋）などを中心にいくつかの章で執筆者がその答えや手がかりを示している。

なお、本書では「少子化社会対策」「少子化対策」の二つの用語が使われている。「少子化社会対策」は法律や大綱などで使用されている用語であり、また「社会への対策」の意味がある。一方、「少子化対策」は「少子化（＝出生数が減少すること）そのものへの対策」との字面から、人、特に女性の生殖のコントロールという側面、意味あいが強くなる。政府、自治体が「少子化社会対策」という用語を使っていても、その実質がしばしば「少子化対策」であることに注意したい。本書において執筆者は適宜、この二つの用語の違いを意識的に使い分けている。

また、「改ざん」の用語の使用については、文部科学省「研究活動の不正行為への対応等に関するガイドライン」を参照した。（「本節で対象とする不正行為は、故意又は研究者としてわきまえるべき基本的な注意義務を著しく怠ったことによる、投稿論文など発表された研究成果の中に示されたデータや調査結果等の捏造、改ざん及び盗用である……。（2）改ざん　研究資料・機器・過程を変更する操作を行い、データ、研究活動によって得られた結果等を真正でないものに加工すること」）（文部科学省、二〇一四、一〇頁）。

少子化対策については基本法、大綱、〇〇プランなどの数多の文書が策定されており、複雑である。そのため関連する出来事などを含め、本書の理解に必要な情報を巻末に年表としてまとめておいた。参照していただきたい。

最後に、本書校了直前の三月末に改訂・発行された平成二八年度版の副教材について簡単に触れておく。私たちの会（第二章参照）が指摘した問題点のほとんどが削除、修正されていた。これを、私たちの活動の成果と受け止めたい。

他方、すぐ次のことが目についた。第一に、今回の改訂では「もっと詳しくしりたいときは」という形で、関連する詳細情報の検索用のタイトルとURLが副教材に掲載されている。ところがそのタイトルで検索すると、民間企業の広告等が掲示されているページにたどり着く。これは、公教育の教材として適切といえるのだろうか。第二に、さらに困ったことに「妊娠と出産（1）」（三九頁）では、関連情報として『知っていますか？　男性のからだのこと、女性のからだのこと』（山縣ほか、二〇一二）を検索するよう促している。しかし、この冊子は高橋が第一章の注7で指摘しているように、「女性の各年齢における卵子の数の変化」について誤った勾配を示すグラフを掲載するものである。なぜこんな無責任なことが未だに繰り返されるのか。第三に、日本語表現として怪しい箇所が見られる上に内容的にも不確かな点が含まれている。同じ頁に「また卵子は加齢とともに数が減少するなどの理由により、おおむね30代後半以降となると妊娠しにくくなるといわれています」とあるが、卵子の数と妊娠しにくさの因果関係は証明されているのだろうか。第四に、「愛され女子」といったピンク文字のキャッチコピーを使用した性感染症予防のリーフレットを掲載・紹介するなど、教材における固定的性別役割の刷り込み、強化という問題についての反省がない。ざっと見ただけでこれだけの問題点が出てくるのだから、さらに吟味、精査していく必要があるだろう。

【注】

(1) 当時の肩書きは、第三次安倍内閣有村治子国務大臣（女性活躍担当、行政改革担当、国家公務員制度担当)、内閣府特命担当大臣（少子化対策、規制改革、男女共同参画）

(2) 「文科省　副教材、訂正を通知　『妊娠しやすさ』グラフ」『毎日新聞』二〇一五年九月一日　東京版朝刊

第1章　グラフを見たら疑え――「専門家」が誘導する非科学

……高橋さきの

1　鳴り物入りで登場した「医学的・科学的に正しい」教材

高校保健・副教材『健康な生活を送るために（平成二七年度版）』（以下、副教材）は、はなばなしく登場した教材だった。二〇一五年八月のことである。

同年三月に閣議決定された少子化社会対策大綱では、「学校教育段階において、妊娠・出産等に関する医学的・科学的に正しい知識を適切な教材に盛り込む」ことがうたわれ、知識を問う特定のテストについて点数の数値目標までが掲げられていた（第六章参照）。その「医学的・科学的に正しい知識」を盛り込んだとされるのが、この副教材だったわけだ。

同年八月二一日の会見で有村治子内閣府特命担当大臣（少子化対策も担当）（当時）から、「この啓発教材は、八月下旬以降に全国の高校一年生に配布され、適宜学校教育の中で活用される」ことが発表され、大臣の短い五百字強の会見記録のなかには、「医学的・科学的に正しい（妊娠・出産の）知識」というフレーズが三回も出てきていた（内閣府、二〇一五c）。

2　ツイッター世界のなかで

同日（八月二一日）、毎日新聞に、「文科省　妊娠しやすさと年齢、副教材に　高校生向けに作製」

という記事が載り、二二歳をピークとしたグラフが映り込んだ写真も掲載された。

翌日、その記事が気にかかっていた私は、知人Aのツイートを目にした。「しかし二二歳をピークに妊娠しやすさが低下するってホンマカイナ。どうも怪しげな数字の予感がするなあ。ヒマな時にソース探してみますかね」。そして、すぐ返信した。「そこですよね。やっぱり」。

「記事にはグラフの写真が載っていたはず」と私は思い、小さな写真からかろうじて、出典らしき文字を読みとった。グーグルの検索窓に、判読できた部分を入れてみる。なんとか人口学者オコナー氏らの一九九八年の論文（O'Connor et al. 1998, 以下、オコナー論文）にたどりつくが、同じグラフは載っていないようだ。

同じ一九九八年に何か別の文章が発表されているのではないか。私は、オコナー氏が教えている大学のサイトに行き、論文リストを閲覧・確認する。でも、この論文でまちがいないようだ。

知人Aは、その間に同論文をずいぶん読み進めていた。しかし、論文の内容全体を把握するまで、副教材のグラフ（図1-1）が、オコナー論文のグラフ（図1-2[3]）に対応するという確証は持てなかったようだ。グラフの印象が違いすぎたからだ。

私も、慌てて論文を読んだ。驚いたことに、似ているようにも見えるグラフが出てきていたのは、先行研究の紹介部分。「えっ、孫引きじゃん[1]」という気持ちをおさえて、副教材のグラフと、オコナー論文のグラフを画面上で縮尺を揃えて重ねてみた。

するとどうだろう。重ならないのである。副教材のグラフではピークが強調されるとともに、二〇

図1－1：副教材「妊娠のしやすさと年齢」に掲載されたグラフ

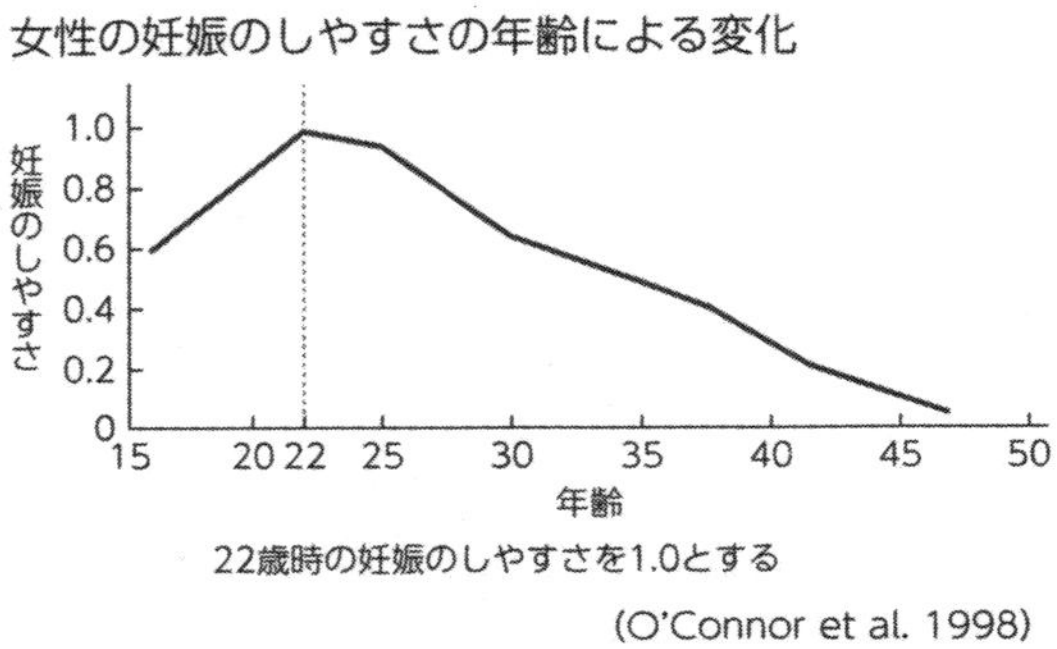

出典：『健康な生活を送るために（平成二七年度版）』（文部科学省、二〇一五）

歳代前半から急激に値が減少していた。そしてそれ以前の問題として、オコナー論文のグラフ縦軸（apparent fecundability（見かけの受胎確率））が、副教材では、「妊娠のしやすさ」なるものに書き換えられていた。ああ曲線を都合良く描き直したうえに、縦軸のタイトルまで変えてしまったのかと驚いた（縦軸タイトル改変については後述）。

ほどなく、ツイッターを媒介として、関連分野も含むさまざまな分野の専門家が、てんでばらばらの方向でグラフを検証しはじめた。

なにせ、高校生全員に配られる副教材に掲載されたグラフが改ざんされているという事態である。この危機感が、ばらばらの共同作業の基本となった。論文の要旨を見つけてきた人、論文を入手すべく図書館に走った人、そうした人々が各所で独自に真剣な討議をかさねた。あっという間に、毎日、朝日、読売などの新聞に、独自取材も加味した記事が報じられた。

図1－２：グラフの変遷

[1]

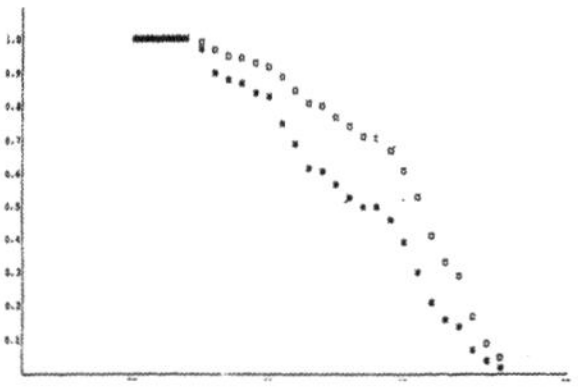

Fig. 1.—Age-specific fecundability ratio with fecundability at age 20-24 as the basis.

[3]

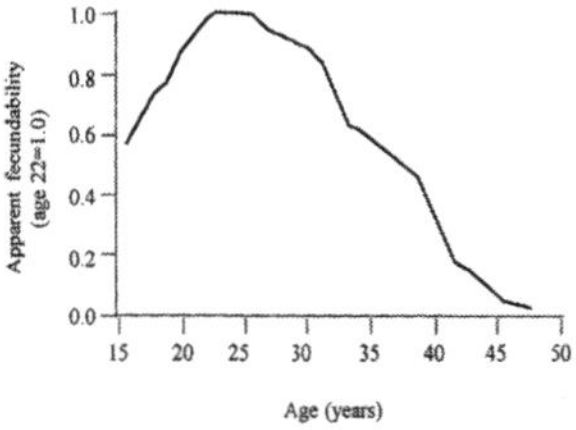

Fig. 3. Composite age pattern of fecundability compiled from birth interval data from several natural fertility populations. Redrawn from Wood [1].

[2]

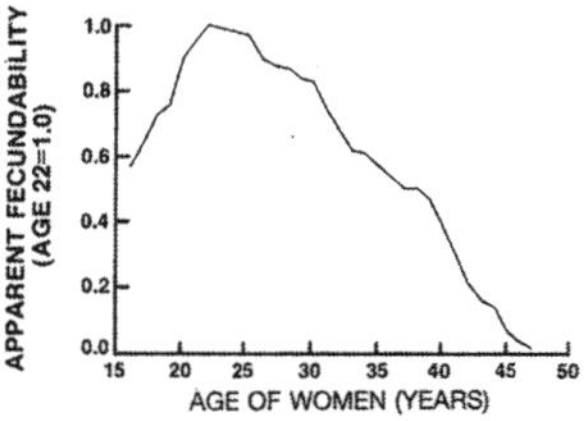

Fig. 2.7 The age curve of apparent fecundability (scaled so that the maximum value is one). Based on Bendel and Hua's (1978) reanalysis of data on the first birth interval from Taiwan (Jain 1969) and data on all birth intervals in the Hutterites (Sheps 1965).

[4] 女性の妊娠のしやすさの年齢による変化

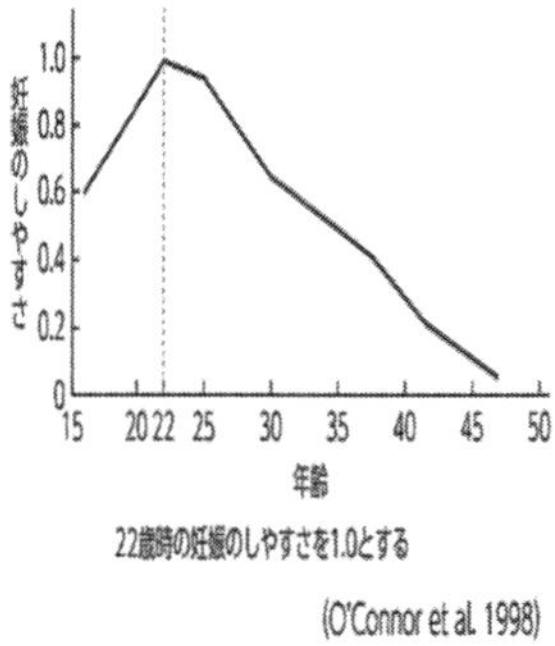

[1] Jean-Pierre Bendel and Chang-i Hua（1978）
[2] James W. Wood（1989）
[3] O'Connor, Holman, and Wood（1998）
[4] 副教材
＊[1] ～ [4] は、なるべく縮尺を揃えてある。

3　生物学・医学というより、社会・文化・経済・歴史コミコミのグラフ

そもそも、副教材に掲載されたグラフの出典はどこなのだろうか。副教材で紹介されているオコナー論文では、ウッド論文（Wood, 1989）が出典として紹介されている。オコナー氏は、論文発表当時ポスドク（大学院を終えたあたり）の年齢で、問題の論文も先生にあたるウッド氏との共著論文だったようだ。

では、ウッド氏はどのような文脈でこのグラフを使用したのだろう。グーグルの書籍検索を利用し、ウッド氏の教科書（Wood, 1994）で同様のグラフを確認できた。彼の教科書から、そこに引用された論文、さらにその論文に引用された論文というふうにたどっていくと、副教材に書かれた解説からは到底想像できないような世界が広がっていた（図1-2参照）。

結論からいうと、このグラフの原形は、一九七八年にベンデルとフア（Bendel and Hua, 1978）によって描かれた図1-2[1]で、これは、まだ避妊・中絶が行われていなかった半世紀以上前の複数の社会で得られた歴史学・人口学のデータ（結婚から第一子出産までの期間やその後の出産間隔）から計算した曲線（打点）をドッキングさせたものだった。一六歳〜一九歳については、台湾のデータ（Jain, 1969）が打点され、二〇〜二四歳については同じ台湾のデータを元に水平の直線が描かれ、二五歳以上については米国のハテライト（フッター派、宗教上の理由から避妊・中絶を行わないとされる）につい

て得られたデータ（Sheps, 1965）が打点されていた。この段階では、副教材にくっきりと描かれたピークなど影も形もなかったということだ。グラフが変化していく経緯については、その後、田中が数次にわたってまとめている（田中、二〇一六aなど）。

グラフの改ざんについては、まず、この副教材の配布対象年代である高校生という年齢のことを考えてみよう。このグラフの左半分は、結婚してから第一子出産までの期間といった歴史学・人口学のデータをもとに、曲線が描かれているのだが、なにせデータは半世紀以上前のものである。栄養状態等も現代とはずいぶん異なる当時のデータから算出した結果は、現代と異なりはしないのだろうか（初潮年齢が栄養状態に左右されることは周知である）。

疑問がたちどころに浮かぶという点では、曲線の右半分、つまり、米国ハテライトで得られたという二〇代後半以降のデータにしても同様だ。こうした二〇代後半以降については、出産間隔等のデータをもとに算出されているのだが、そうなると性交頻度やカップルの年齢差も気になる。たとえば、同じ二〇代後半のカップルであっても、一七歳で結婚して子どもがすでに三人も四人もいるカップルと、結婚したのが二〇代後半でまだ新婚のカップルとでは性交頻度が違っていそうだし、そうすれば、子どものできやすさも違うはずだ。つまり、大半が十代までに結婚する社会と、大半が二〇代後半以降に結婚するような社会とでは、カーブが変わってくる可能性が高い。こうした歴史的データに依拠した方法をとる限り、調査の信頼性や調査対象社会の異同が問題になりそうだ。ともかく、グラフの素性が見え始めたとたん、そういった疑問がつぎつぎと浮かんできた。

だがほどなく、こうした疑問はすでに検討されていることがわかった。一九八六年に書かれたメンケンらの論文（Menken et al. 1986）に、配偶者との年齢差が大きかったり、結婚期間が長かったりする場合には、出生率（fertility rate、一年間に実際に出生に至る率）が下がることや、それがおそらくは性的交渉の頻度低下や、妊娠回数の増加にともなう生殖機能の損傷のせいであることが解説されていたからだ。つまり、ごく若い時期にほぼ全員が結婚するような集団のデータを利用するかぎり、出生率については、その集団の結婚年齢をピークとして、その後は落ち続けるような曲線しか描かれないことになる。もし、女性が各年齢で結婚期間や相手の年齢にかかわらず子供を産む能力「fecundity（妊孕力《にんよう》）」というのを求めるとしたらカーブがずっと緩くなるはずだが、もちろんそんなことを人為的にコントロールした研究は存在しない。

副教材のグラフのもとになっていた研究は、fecundability（受胎確率）に関するものであって、これは、妊娠する可能性のある女性について、一か月以内に妊娠する確率がどれだけあるかを求めるものである。妊娠中や出産後一定期間内の女性は妊娠する可能性がないので分母から除くとか、流産に終わった妊娠の数も推定して分子に加えるとかいう計算をしているわけだが、使っているデータの基本的な性質はメンケンらの論文が扱った出生率と同じで、結婚期間等の影響を取り除いていないものである。それを、そうした影響を受けない「妊娠のしやすさ（fecundity に対応）」のグラフというように勝手にタイトルを変えてしまったわけだ。

なお、日本生殖医学会のウェブページ〈http://www.jsrm.or.jp/public/funinsho_qa18.html〉に、

「女性の年齢による妊孕力の変化」という副教材グラフの右半分に対応するようなグラフが載っており[2]、その出典は、このメンケンらの論文だ。メンケンらの論文のグラフでは、一六世紀生まれから二〇世紀生まれまでの一〇集団を扱っており、歴史学的・人口学的な手法で掘り起こしたデータを用いた結果として、集団間のバラツキは大変大きい。それが、日本生殖医学会のウェブページでは、出生率の高い方から四グループのみを取り出したバラツキの小さなグラフになり、一七世紀の集団（しかも三五歳周辺の落ち込みが特異的に激しい集団）が、「二〇世紀」の集団だと称されていた。専門学会のウェブページだというのに、このデタラメぶりは、いったい何がどうなっているのだろう。

さて、はなしを副教材に戻す。副教材でのグラフの解説は、以下のようなものだった（図1-1も参照）。

> 医学的に、女性にとって妊娠に適した時期は二〇代であり、三〇代から徐々に妊娠する力が下がり始め、一般に、四〇歳を過ぎると妊娠は難しくなります。
> 一方、男性も、年齢が高くなると妊娠に関わる精子の数や運動性が下がり始めます。

二〇一五年の高校生向けの副教材に、「医学的」「妊娠」「精子の数」「運動性」といった言葉を散りばめて解説されていて、縦軸に「妊娠のしやすさ」と書かれていれば、そのグラフは、二一世紀の生物学・医学的知見をベースに描かれたグラフだと考えるのが普通だろう。この説明と、上述したような歴史学・人口学のデータをもとに描かれたグラフとの組み合わせは、仮に今回のような改ざんがなかったとしても、不適切としかいいようがない。なお、文部省は急ぎ「正誤表」を公表し、グラフのカーブについて修正を行ったが、グラフの縦軸タイトルも解説もそのままである。(3)

4 その分野の第一人者たちがグラフを利用

では、副教材のグラフはいつから使用されていたのだろうか。

当初、私や知人たちは、以下の点にかんがみ、少しでも生物学・医学周辺分野に関わったことがあれば、誰でも一目でグラフが「妙」なことに気づくだろうと思っていた。そして産婦人科などの分野周辺の専門家・関係者であれば、グラフの間違いをただちに指摘するはずだと考えていた。

【専門家・関係者ならば一目みただけで浮かぶはずの疑問(4)】

- ●左側の、直線状部分は何?
- ●なんでこんなピークが出るの?
- ●妊娠しにくくなりはじめるのって、三〇歳を過ぎたあたりだったはずでは?
- ●生物学のデータみたいに提示されてるけど、そもそもこのデータは何?

図１－３：日本での主な使用例

[1] 縦軸：妊孕力

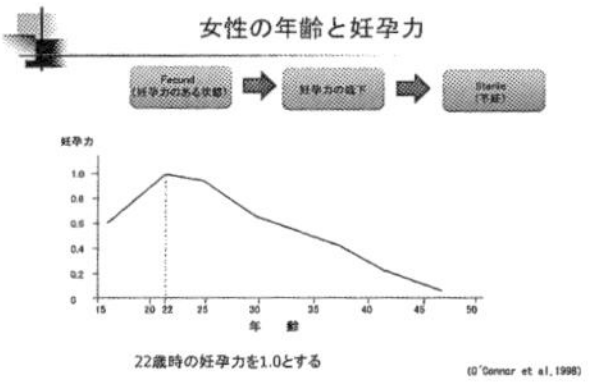

[2] 縦軸：妊娠しやすさ

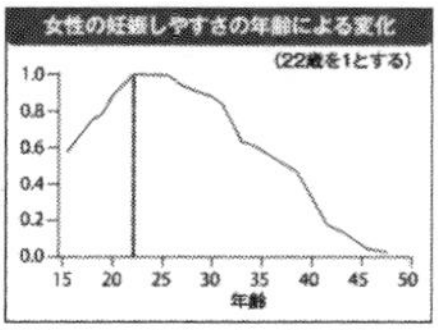

O'Connor et al. Maturitas 30; 127-136,1998

[3] 縦軸：妊孕力（妊娠しやすさ）

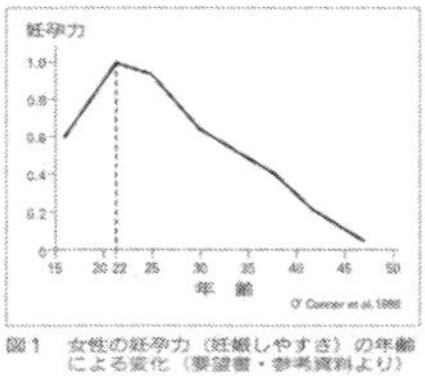

[4] 縦軸：妊孕力

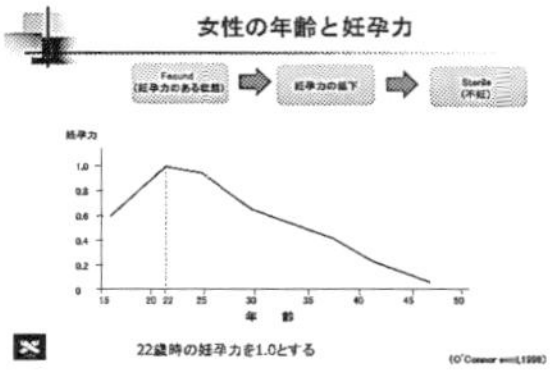

[5] 縦軸：妊孕力

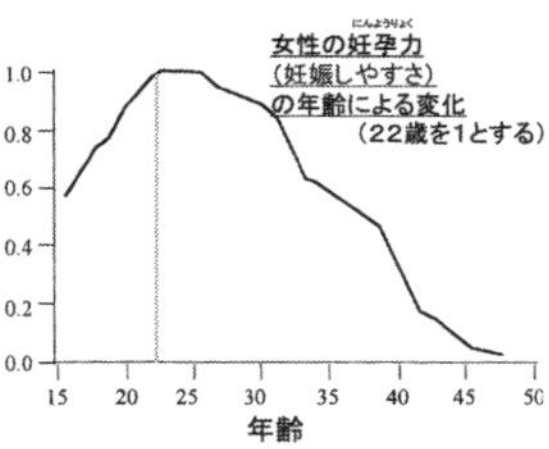

[6] 参考：オコナー論文(1998)
縦軸：Apparent fecundabi_ity
(見かけの受胎確率)

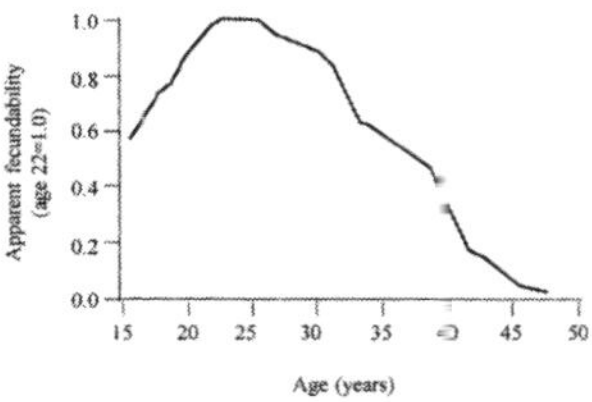

Fig. 3. Composite age pattern of fecuncability compiled from birth interval data from several na ural fertility populations.　Redrawn from Wood [1]

[1] 2013.6.25「卵子の老化—続報—女性の年齢と妊孕力との関係」（吉村やすのり生命の環境研究所）の図２
[2] 2015.2.11 読売新聞ライフデザインフォーラム（齊藤英和氏）（O'Connor et al. 1998 の図を改変）
[3] 2015.3.1 日本家族計画協会「学校教育の改善求め要望書提出：本会、日本産婦人科学会など９団体」『家族と健康』732 号１面
[4] 2015.3.4 吉村泰典「女性のからだと卵子の老化（講演資料）　[5] 2015.4.20 全国知事会（配布資料）　有村治子

ところが、事情はまったく違っていた。「事実は小説よりも奇なり」とはよくいったものだ。いざ、このグラフの問題がツイッターで話題になりはじめると、このグラフ（改ざんの程度にはばらつきがある）が、今回の副教材より前から、産婦人科界隈の一部（後述）で使われてきたことが判明したのである。また、この図が、厚生労働省の施策等について紹介する動画チャンネル（MHLWchannel）所収の吉村泰典氏の「妊娠と不妊について」（二〇一四年三月）の中で使用され、厚生労働省の広報として使用されつづけていたことも判明した。(5)

わかりやすいように、これまで判明している当該グラフの日本での主な使用例をまとめてみよう（図1-3）。このうち右下が、オコナー論文掲載のグラフである。

左側[1][3][4]が、副教材使用グラフと酷似しているもので、（横軸の二二歳の位置がずれているが、副教材使用グラフでは修正されている）、そのうち少なくとも、[1]と[4]は、元日本産科婦人科学会理事長で、内閣府の結婚・子育て支援検討会の座長もつとめた内閣官房参与の吉村泰典氏が自身のブログや講演で使用しているものである（氏のブログには、他にも何回かこのグラフが登場する）。また、この図が、厚生労働省の動画チャンネル（MHLWchannel）所収の吉村氏の「妊娠と不妊について」でも使用されつづけていたことは上述したとおりである。なお、今回、副教材にこのグラフを持ち込んだのは、この吉村氏とされている（内閣府、二〇一五年c、第二章参照）。

[2][5]が、オコナー論文に対応すると考えられるものであるが、これらは、曲線そのものは元のままとはいえ、縦軸のタイトルが変更されて、縦線を引くかたちで二二歳が強調されている。[2]は、同

年二月一一日に有村大臣（当時）がオープニングスピーチをつとめたシンポジウムで、国立成育医療研究センターの齊藤英和氏によって使用されたもの、[5]は、有村大臣（当時）が同年四月二〇日の全国知事会で「少子化」対策について「意見交換」を行ったときに資料として提出されたものである。

ここから見てとれるのは、このグラフが、近年、こうした妊娠・出産推奨的行事での定番アイテムだった状況である。その結果として、副教材に掲載されるに至ったのだろう。

そしてさらに驚いたのが、新聞報道等での指摘を受けて同年九月七日に前出の日本生殖医学会から理事長名で発表された「文部科学省高校生用啓発教材『健康な生活を送るために』の中の「20 健やかな妊娠・出産のために」に関する意見」（苛原、二〇一五）という長いタイトルのコメントだった。コメント中に示された「本件に関する学術団体としての意見」では、担当大臣が指摘をうけてただちに謝罪し、文科省も誤りを認めて正誤表を出すに至った副教材掲載グラフについて、曲線の改ざんには一切言及することなく、「本会としてもこのグラフを推奨する」とまで明言している。そのうえ、縦軸の内容タイトルを変えてしまったことについても、「高校生に十分理解してもらうのは難しく、あえて「妊娠のしやすさ」という言葉で表現したのは適切」だと述べていた。

5　そして副教材へ

本章冒頭でも述べたが、この『健康な生活を送るために』という高等学校向け副教材は、実は、今回はじめて配布された教材ではなく、二〇〇六年から文部科学省によって配布されてきた教材である。もともとは、地味な教材だったのが、二〇一五年になって大きく変更され、「妊娠・出産等に関する医学的・科学的に正しい知識」を盛り込んだ教材として、大臣の会見まで実施するかたちで、はなばなしく登場したわけである。

主な変更点は二つ。まず、「感染症」をはじめとする各項目にあった「生物」の教科書に繋がるような地味な記述や、ＡＥＤ（自動体外式除細動器）に関する記述などがばっさりと削られ、総ページ数も四九ページから四五ページへと減らされた。そして、その代わりともいうべきかたちで、「19　家族と社会」「20　妊娠と出産」の項目が四ページへと増頁された（序章参照）。ついでにいえば、全体に青っぽい冊子だったのが、ピンクを基調とした冊子に変貌してもいた。

地味な生物学よりの記載を削って、はなばなしく前面に出した「医学的・科学的に正しい知識」の中身が改ざんグラフというのは、教わる高校生にとっても、教える教員にとっても悪夢のような事態である。前代未聞のこの状況を受け、急遽、副教材の他の箇所についても検討を行ったところ、本書の各章にも説明されているとおり、多くの不適切箇所が出てきたのだった。

6　グラフを見たら疑え

不適切箇所の事例は、本書にもいくつも取り上げられているとおりである。愛くるしい赤ん坊の大きな写真の横に載っていた「子供はどのような存在か」なるグラフには「無償の愛を捧げる対象」なる選択肢までが用意されていたうえに、出典にあたってみると数値が異なっていたし（第三章参照）、「不妊で悩む人が増加している」という見出しのすぐ下に掲載されたグラフは、同じ人が年に複数回治療を受けた場合には、複数がカウントされているような「体外受精などの不妊治療数」（単位：件）のグラフだった（第四章参照）。（本書所収以外の事例については、資料として「高校保健・副教材の使用中止・回収を求める会」のサイト http://fukukyozai.jimdo.com/ に置いてあるので、ぜひご覧いただきたい。）

ともかく、高校生向け副教材だというのに、片端からこんな具合なのである。数値が水増しされていたり、グラフを不適切なかたちで配置することでごまかしていたり、そんな状態が、妊娠・出産関連部分にとどまらず、教材全体に及んでいる。

たとえば、目次の「「がん」ってどんな病気？　生活習慣の改善で予防！　そして検診が大切！」の項目で指定されたページの見出しは「『がん』ってどんな病気?」で、その二つめの小見出しは「がんの六割は普段の生活と関係している」となっているのだが、その下に示された棒グラフ（例によって出典が不正確で、そのままでは出典にはたどりつけない）をすべて足し算しても六割に達しなかったりする（出典とおぼしき研究では集計は性別ごとになっており、女性についての数値は「三〇％近く」となっている）。[6] しかも、それにつづく原因を列挙しつつ説明する部分には、原因として「肝臓癌の肝炎ウイルス」も入っているのだが、これは、輸血や血液製剤や集団予防接種も、目次に書かれているような「生活習慣」や「普段の生活と関係」という扱いになるということなのだろうか。ちなみに、出典と考えられる論文では、「preventable risk factors（予防が可能な要因）」という扱いがなされており、これは、副教材での「普段の生活」という提示のしかたとはまったく異なるものである。（文科省に対しては、この点も指摘したが、見解の相違ということで、訂正等は出ていない。）

「グラフを見たら疑え」と考えるようになるのに時間はかからなかった。怖がらずにグラフを見ること、出典にあたる手間をいとわないこと――そうすれば、小学校の算数の知識で十分気づける。それが科学リテラシーの入り口なのかもしれない。そもそも、教材というのは、そうした探求を前提としたつくりになっていてしかるべきだ。

7　ライフスタイルを押しつけないで

以上に挙げた例からもわかるように、この副教材で、グラフの改ざん、明らかに不適切なデータ処理、恣意的なグラフの配置などを行って描き出そうとしている内容は、〝子どもは人生において「無償の愛を捧げる対象」となる存在だが、そうした子どもを無理なく妊娠できるのは、生物学的・医学的には「二二歳」がピークで、そこからは、「妊娠のしやすさ」が急下降する。現在は、「不妊で悩む人」がうなぎのぼりで増えている〟とまとめられるようなものらしい。

しかし、どうなのだろう。高校生にとって大事なのは、何かについて完成したイメージを持つことなどではなく（むろん、改ざん・誇張されたニセモノのイメージなど論外である）、状況に応じて自ら考え・議論する力や、その素地となる事実関係を自ら調査・把握するスキルではないだろうか。また、子どもという存在との関わり方を手さぐりしているような年代である高校生に、「特定の時期に子どもを持つ」というかたちでの将来像を押しつけるのもいかがなものか。その意味で、こうした副教材が文科省によって作成され、全員に配布されるという状況の闇は深い。

そもそも、老化現象は性別に関わらずやってくる。生殖関連に関しても同様だ。それが生物学の標準見解であることもいうまでもない。男子についての各種の数値データも出てきている二〇一五年になって、なぜ女子のみについてグラフを用いて二十歳代前半からの老化なるものを強調するのだろう。そして、これだけグラフの改ざんを施してまで女性の「妊娠のしやすさ」なるもののピークが二二歳であると強調しておきながら、高校一年生（一五歳の生徒も含む）にも配布されるこの教材では、グラフの左側に対応する十代での妊娠にともなう母子のリスクについては一切触れられていない。

そして、これはきちんと確認しておきたいことがらだが、高校生にとって二二歳というのはすぐそこだ。高校卒業後、たった四年。大学に進学した場合であれば大学の卒業年次。そういう年齢になると、そこから先は「急激に子どもができにくくなる」と（改ざんされたグラフを見せられながら）教わるわけである。さらにいえば大学院に入学するのも早ければ二二歳なわけで、ただでさえ新卒でなければ就職が難しい社会で「二二歳をすぎると急激に子どもができにくくなる」と脅されては、たまったものではないだろう。進路選択を大幅に狭める内容だというほかはない。

「文部科学省発行の副教材に掲載された内容」を読むのは高校生だけではない。こうした誤った内容にもとづいて親や教員などに進路選択のアドバイスをされては困る。さらにいえば、「文部科学省発行の副教材に掲載された内容」であるとして、週刊誌やウェブで喧伝される可能性もあったわけである。

8 考える素地となる知識とは

では、からだをめぐる知識として高校生に何を伝えればよいのだろう。この点については、玉石混交とはいえ、教育現場には長年の蓄積がある。また、近年さまざまな理由があったうえで生じている結婚・出産の高年齢化といった事態についても、すでにそうした教材で扱われはじめている。改善を要する点については改善しつつ、こうした教材を生かしていくのが筋というものだろう。たとえば、日本産科婦人科学会編『HUMAN+　女と男のディクショナリー』（二〇一四）では、「将来の妊娠のために」というセクションを設けて、具体的な知識とともに年齢の問題を扱おうとしているし、『知っていますか？　男性のからだのこと、女性のからだのこと～健康で充実した人生のための基礎知識』（山縣ほか、二〇一二）でも、「男性・女性ともに妊娠・出産には適した年齢があります」というセクションを設けて「女性の年齢別の不妊治療における分娩率」のグラフなど、具体的な判断材料となることがらをわかりやすくとりあげようとしている。[7]今回の「副教材」は、これまでのこうした地道な実践の蓄積を台無しにするものだろう。

今後の暮らしで必要になることがらを順序立てて丁寧に教えるのが、保健（や生物）の授業のはずだ。生徒には、将来出産を望むことになる生徒も、望まないことになる生徒もいる。ただでさえ、経済的に安定した暮らしを立てるのさえ大変な時代だ。出産という選択を「現場で使える応用問題」として考える素地となる知識を持っていることの意味は大きい。

また、妊娠・出産といった場面は、自分のからだをきちんと観察することが最も求められる場面の一つでもある。基礎体温の記録などは、グラフ作成作業そのものだ。本来そうしたスキル（リテラシー）の伝授がなされるべき場に、イデオロギー優先で、改ざんグラフのようなものが持ち込まれるなど、言語道断である。

9 伝えておきたい基本事項

今回の副教材についてもそうなのだが、妙なバイアスのかかった妊娠・出産言説を批判したときに、必ず返ってくる反応がある。「必要な情報も伝えないのか」、さらには「伝えないことは、誤った情報を伝えるのと一緒だ」という反応である。

こうした反応に対しては、「そんなことはない。これまでも、現場では（妊娠適齢期も含め）《からだ》について伝える実践が積み重ねられてきた。そこに必要に応じて生殖技術関連の新情報を付け加えるというだけのはなしだ」と反論することになるはずだ。でも、それだけでは、「どんな情報を、どのように付け加えるのか」という基本部分について答えたことにはならないのかもしれない。

以下では、若い人たちに伝えておくべき内容の基本的方向性について、副教材との違いをはっきりさせるという意味も含め、再確認してみたい。何をどう伝えるのかというのは、伝える相手によって変わってくることがらであり、当然ながら一律には決まらない（出産がどんなことなのか、避妊をどうするのかといった点についてまでは、ここでは触れない）。

まず一点目。妊娠や出産に関しても、生物学の基本を確認しておくことが大切だ。つまり、雌雄や性別一般にせよ、妊娠や出産にせよ、生きものとして、脊椎動物として、哺乳動物として、あるいはヒトとしての共通点を確認しておくことが出発点だろう。共通事項があるからこそ比較が可能なのに、「性」や「生殖」の話になると違いばかりが強調されるというのは、なんとも妙だ。三角形と四角形が比較できるのは、平面多角形同士だからで、「性」や「生殖」についても、どこまでは共通で、どこからが違うかというロジックにしかならないはずだ。二階建ての家にたとえれば、一階部分として「人間としての共通部分」をきちんと整理したうえで、二階部分として「性別や年齢によって異なる事項」について考えるということだ。

しかし、今回の副教材は、いきなり二階の話をはじめ、しかも女性側ばかりに焦点をあてるかたちで議論が提示される。そうしたかたちで女性と男性とを分けて議論するのは、非科学的としかいいようがない。

二点目として、生殖補助医療について正確な現況を伝えておくことも大事だろう。

生殖補助医療は、新技術である。そして、新技術の常として、これまで妊娠に至らなかったカップルが出産に漕ぎつけたり、閉経後の女性までが出産したりと、その技術によって新たに可能となった薔薇色の部分や実験的側面ばかりがフィーチャーされてきた。そして、そうした薔薇色の部分や実験的側面について発信してきたのは、生殖補助医療をすすめてきた医療者の側である。しかし、ある程度生殖補助医療が普及した今大事なのは、実際に技術とつきあうことになる人々の目から見た「何ができ、何ができないのか」、「実際にどのようにすすめられるのか」を、きちんと伝えることの方であるはずだ。ところが、副教材では、「不妊で悩む人」の増加に不適切なかたちで言及するのみである（第四章参照）。

三点目。生殖補助医療や加齢にともなって妊娠しにくくなることについて扱うのであれば、人生後半のおおざっぱな見取り図を伝えておくことも大切だろう。生殖活動が盛んな時期と、閉経を迎えるような時期との区別がつかなかったり、更年期が女性に特有な現象だと考えていたりするような状態で、妊娠・出産について理解することなど、そもそも無理なはなしである（副教材は、そのあたりがほとんど説明されていない）。

以上三点を踏まえ、基本事項を確認のためにまとめてみる。傍線部分が、性別が問題になる部分である。

《生物学側の事項》

人間は生きものなのだから、成長し、その後は老いる。妊娠・出産といった生殖活動は、からだに対する負荷が大きいので、生きものが元気なときにしかできない。

●生殖可能となる年齢には、かなりの幅があり、個人差も大きい。

●生殖活動を終える年齢には、性別による差がある。赤ん坊が生まれるまで自分の体内が成育現場となる女性の方が早く、完全な閉経を迎える時期は五〇歳前後に集中している。男性は、個人差が大きい。

●生殖活動期間中であっても、後期に入ると、性的交渉が妊娠につながる確率は年齢とともに下がってくるし、（下がり方は個人差が大きい）流産率も上昇する。女性の場合、出産にともなうリスクも高くなる。

●生殖活動期間中であっても、ごく若い時期については、出産にともなうリスクが高い。

《技術側の事項》

生殖補助医療は、「補助」にとどまり、妊娠可能な年代幅を一気に広げるようなことはできない。内容についてよく知ったうえで、生殖活動がある程度活発な時期に受けることが大切である。

10　なぜこんなことに

そもそも、なぜこんなことになってしまったのだろう。

冒頭では、二〇一五年三月に閣議決定された少子化社会対策大綱に、「学校教育段階において、妊娠・出産等に関する医学的・科学的に正しい知識を適切な教材に盛り込む」ことがうたわれており、今回の副教材改訂もその流れに位置していることについて触れた。つまり、背景として、今般の「少子化」に、「医学的・科学的に正しい知識」不足が果たしている部分が大きいというストーリーがかたちづくられていたということだ（その虚構性については第六章参照）。

むろん、現実に起きていることの原因は、単純な「知識」の多寡などではない。最近の「少子化」の背景には結婚年齢や出産年齢の上昇があり、その背景には、生活が安定しなかったり、将来が見通せなかったりして、結婚したいと思っている人が結婚できず、出産したいと思っている人が出産に踏み切れないといった各種の社会的事情がある。出産という方向に踏み切っていない人たちは、それなりの知識もあったうえで、子どもを持つことに踏み切っていないのである。新たに利用可能となった生殖補助医療に望みをつないだ人たちも多かったろう。

しかし、そうした現実と向き合う議論を地道に積み上げる作業を忌避する乱暴な立論という道筋もある。副教材に掲載された改ざんグラフのように、「ピークは二二歳なのだから、さっさと産みはじめないと産めなくなる」といった内容を、明瞭な科学的知見であるかのようによそおって浸透させるのも、そうした乱暴な道筋の一つだろう。この改ざんグラフに描かれた内容は、事実に基づかないという意味では「迷信」のようなものだ。「迷信」で社会状況が改善することはないし、「迷信」を「知識」として学ばされたり、教えさせられたりする高校生や教員はたまったものではない。

11　通底する姑息なグラフ利用

以上からわかるように、今回、高校保健・副教材をきっかけに発覚した事態は、「何かのまちがい」や「個人のきまぐれ」で生じたものではない。

本章でとりあげたグラフの場合、㈠まずもって素性がきわめてわかりにくく、原典をたどるのも至難で、㈡日本語圏の教科書等で使われてきた形跡もない（つまり、英語を読めたうえで文献にアクセスできない限り検証のしようがない）。こうしたグラフが、改ざんされたうえに、なにか生物・医学的データにもとづくものであるかのような装いをこらして高校保健・副教材に掲載されたわけである。改ざん自体は副教材に掲載されてから発覚したわけだが、検証の過程で明らかになったように、同じグラフが（曲線の改ざんこそなかったものの、ピークが強調されたかたちで）大臣が列席するような講演会や全国知事会に資料として提出され、使用されているような状況だった。

さらに遡れば、少子化社会対策大綱を策定する段階では、上述の日本は知識レベルが低いという妙なグラフ（第六章参照）が資料として提出されていたし、グラフの元となった数字が数値目標として定められてもいた。そしてさらに遡れば、その同じグラフが、頓挫した女性手帳（第七・第八章参照）をめぐる審議でも使用されていたわけである。

審議会等の委員にせよ、副教材の改訂委員にせよ、内閣府の参与にせよ、専門分野を背景として仕事をしているはずの人々によって、過去の論文等に掲載された内容が、適否の吟味もされず、妙な意味づけをされたうえで、場合によっては加工（改ざん）までされたうえで持ち込まれ、使い回されたあげくに、前述の日本生殖医学会理事長コメントに見られるように太鼓判を押される状態というのは、異常だとしかいいようがない。関係学協会の存在意義が根本から問われてしかるべきだろう。

そして、手を変え品を変え持ち込まれるのは、まずもって「グラフ」なのである。ポンチ絵として視覚的訴求力が強いうえに、日本語以外の論文から持ってくれば、検証もされにくく、つまり「足がつき」にくい。

グラフを見たら疑え！――今回の「改ざんグラフ」の向こう側に広がっているのは、そんな光景だ。

本稿は、『シノドス』（二〇一五年九月一四日）、『ハフィントン・ポスト』（二〇一五年九月一八日）などに掲載された「「妊娠しやすさ」グラフはいかにして高校保健・副教材になったのか」（高橋、二〇一五）、ならびに高校の教員・生徒向けの「理科の雑誌」『RikaTan』誌（二〇一六年四月号）に掲載された「高校保健副教材の《非科学》――「グラフを見たら疑え」という時代」（高橋、二〇一六）に大幅に加筆したものです。

【注】

（1） 研究結果の引用は、特別な事情がない限り、その研究結果が初めて自らの研究結果として発表された文章（原典）から行うものとされている。原典で確認することなく、引用をさらに引用することは「孫引き」といわれ、好ましくないとされている。

（2） このグラフは、二〇一六年一二月一二日付けで別のグラフに差し替えられたが、差し替え前の当該ページは、二〇一七年二月二八日現在も、インターネット・アーカイブで見ることができる（http://web.archive.org/web/20160515135749/http://www.jsrm.or.jp/public/funinsho_qa18.html）。なお、差し替え前のグラフの誤りについては、何も説明されてはいない。

（3） 図1-4をみればわかるように、文科省の「正誤表」は、カーブを出典のものに描き直したことと（図1-2[3]参照）、孫引きに対する不完全な註釈を加えたことにとどまっている。こうした不十分な点については、序章四ページも参照されたい。なお「正誤表」の出典については、以下の表示にとどまっている。資料 Kathleen A. O'Connor, Darryl J. Holman, James W. Wood. Declining fecundity

図1-4：副教材「妊娠のしやすさと年齢のグラフ」正誤表に掲載された訂正グラフ

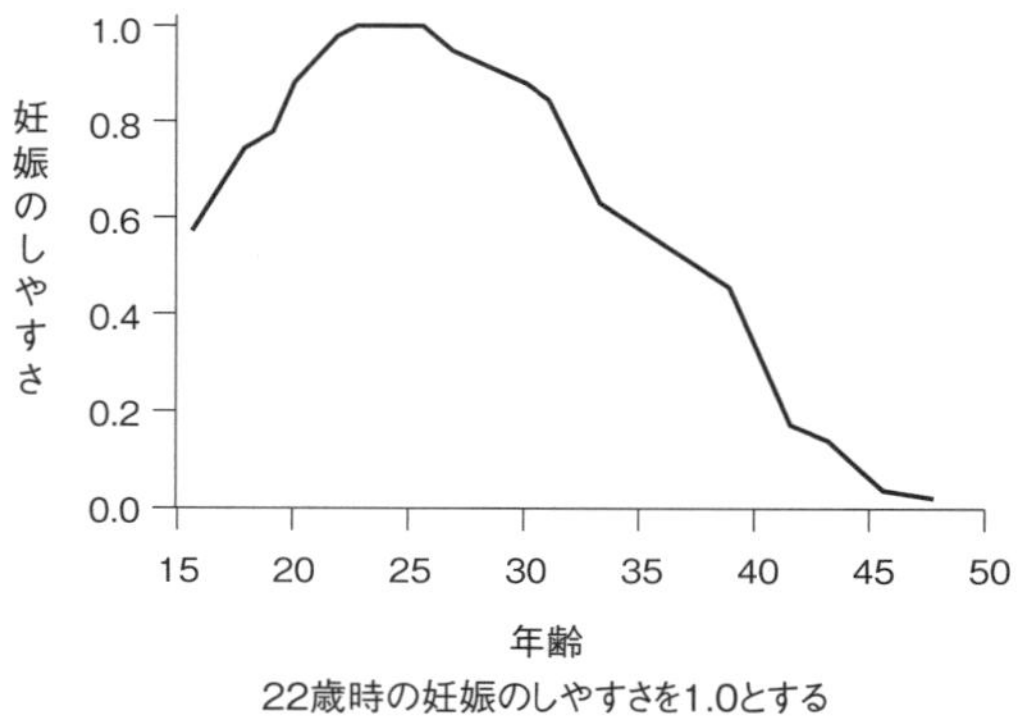

and ovarian ageing in natural fertility populations. Maturitas 30 ; 127-136, 1998.（なお、この資料は上記論文において James W. Wood. Fecundity and natural fertility in humans. *Oxford reviews of reproductive biology* 11 ; 61-109, 1989. をもとに作成されたもの）。

（4） このあたりは、ＤＮＡ修復のメカニズムをはじめとして近年研究が急速に進んだ領域の一つで、よく話題になる。たとえばタイタスら（Titus et al., 2013）。とはいえ、こうした議論を見聞きしていなくても、「妊娠のしやすさ」に明瞭なピークが存在するというのも、そのピークが二二歳にあるというのも、ただちに違和感を抱くようなことがらだ。

（5） 厚労省のこの動画は、現在削除されたままになっている（https://www.youtube.com/watch?v=mgW51MUELqI）。この動画の扱いについての、第一九〇回国会行政監視委員会での答弁は以下の通りである。

○政府参考人（吉本明子君） お答え申し上げます。

御指摘の動画でございますけれども、平成二十六年三月に、妊娠等に関する知識の普及を図ることを目的といたしまして、妊娠の仕組みや不妊の原因、あるいは年齢、妊娠、出産のリスクの関係などにつきまして専門家の先生に解説を行っていただいたものでございます。

この動画におきましては、女性の年齢と妊娠のしやすさ、妊孕力という言葉を用いておりますが、それに関する解説を行う部分で御指摘の文部科学省の啓発教材の差し替え前のグラフと同じものを用いておりますことから、同様の修正が必要だというふうに考えてございます。

この動画におきましては、ただいまの該当部分だけではございませんで、妊娠の仕組みとか不妊の原因、あるいは不妊治療、不妊治療に対する助成制度、様々な情報をその中に盛り込んでおりますことから、全体を削除するといったことではなく、これを御覧になる方が必ず御覧になる冒頭のページにおきまして、正しいグラフを掲載いたしまして訂正の説明を加えるといった形で速やかに対応してまいりたいというふうに考えております。

この答弁に見られるように、厚労省側は改ざんグラフの使用・普及の継続についての認識が甘く、啓発ビデオの冒頭部分のみ訂正し、あとは改ざんグラフ垂れ流し、という対応を示したが、その後、改ざんグラフを含む動画すべてを削除したようである。

（6）副教材の不正確な出典記載単独からではなく、内容から類推して到達した同一研究についての国立がん研究センターがん対策情報センター発行の冊子での説明は、「男性のがんの五三・三％、女性のがんの二七・八％は、ここにあげた生活習慣や感染が原因でがんとなったと考えられています」というものである（国立がん研究センターがん対策情報センター、二〇一六年七月、二ページ）。

（7）ただし、こうした教材での「卵子」のとりあげ方に種々の問題がある点は付記しておきたい。どちらの教材でも生涯を通じての「数」の変化を示すグラフ（出典はベイカー（Baker, 1972）、出生後についてのサンプル総数はブロック（Block, 1952）に記載された四三例）が示されているのだが、このうち、妊娠数ヶ月から思春期までの間に卵母細胞の数が劇的に減る現象は、成長や生殖活動の準備という文脈で捉えられるべき現象のはずである。しかし、『知っていますか？　男性のからだのこと、女性のからだのこと』のグラフでは、こうした時期についても（そして、その後の妊娠・出産適期とされている時期についても）、「質・量ともに減少し続けます」、「年齢とともに妊娠しにくくなったり妊娠の異常が起きやすくなります」とまとめられてしまっている（ちなみに、同教材のグラフは、閉経年齢やグラフの勾配もずれている）。これでは、妊娠・出産をめぐるメカニズムを理解することなど困難だろう。

＊捏造・改ざんを遠ざけるために

三上かおり

大学の研究室にいた頃、データ捏造・改ざんの噂は、たまに流れた。

立場の弱い人はそんなことをしない。きれいすぎるデータはたちまち周りから突っ込まれ、矛盾が明らかになるから。しかし後ろ盾の教授が強いとか、立てた理論が強力とか、いろいろな理由でまかり通ってしまう時がある。

かくいう私も、どうしても学会発表の準備が間に合わなかったあるとき、指導教授が一晩でつくってきた手描きのグラフを、受け入れた。教授は友人に実験を頼んだと言った。詳しくは聞かないで、私は発表をこなした。学会の後、小旅行して緑の山の中で一人になり、あんなものに頼るようなことはもう死んでもしないと誓いながら、ぎりぎりと苦い後悔をかみしめたことが忘れられない。

捏造・改ざんデータでも当座の学会発表や論文提出をやり過ごせるが、そもそも他人が追試できない弱い証拠にしかならないし、質の高い学術誌への掲載に挑戦することもない（二〇一四年のSTAP細胞事件は、当人も周囲も捏造と思わずうかうか突き進んだものだった、と私は理解している）。捏造は主流になりえないやり口のはずである。

だが。仮説を立てること、および実験で仮説を検証すること、つまり科学を進めるステップの両輪は、常に、同調して回っているのだろうか？ 他の人がどうしているか、探る方法はない。「主流」にはなり得ないにもかかわらず、捏造・改ざんがけっこう、たくさん、やられているかもしれないし、それに近いことが行われていても、見抜くのは難しい。

くだんの指導教授は、研究者同士の婉曲話法を説明してくれたことがある。「あの人は頭がいいから、と言う時はたいてい文字通りの尊敬の意味じゃあない。頭がいいので、実験をしなくてもこうこうなるとわかっているから、実験結果のほうをそれに合わせてるだろうし、そうしかねない、という意味だよ」と。指導教授も、頭がいい人だった。

頭がいい。今回の「妊娠しやすさグラフ」をはじめ、副教材に関わるさまざまな怪しいグラフを持ち出してきたのは頭がいい人たちだろう。理解が早くて、データの使い回しは上手いと自負、文献は隅々まで読まないのではないだろうか。だって読まずともわかるもの。例えば、一定の年齢を過ぎると加齢と共に妊孕《にんよう》性が下がるのは、ピークや曲線が多少違ったところで、大筋は違わないから気にしない。大事なのはグラフが受け手にもたらす効果なのだから。

副教材に関わった専門家・職員らはデータを扱うのは得意でも、現実の女性の気持ちに向き合っておられないのでは、と僭越な忠告をしたくなる。「妊娠しやすさグラフ」のピーク二二歳から少し右側の年齢にある女性たちにとって、グラフはただの絵空事では済まない。「二二歳」の強調と急な下降線は、何万人もの女性を惑わせたり悩ませたりする。その責任を自覚してほしい。

閉じた学界・業界の中でデータに対し不遜になった「専門家」たちが、少子化対策に乗せられて失態を演じたのが、今回の高校保健・副教材事件だった。

データとは向き合うべし、文献は日々誠実に読むべし。

（みかみ・かおり）

第2章

「高校生にウソを教えるな!」集会と「専門家」たちへの質問状

西山千恵子

1　緊急集会の開催

「妊娠のしやすさと年齢グラフ」の改ざん問題が新聞紙面をにぎわせていた二〇一五年九月初め、本書の執筆者らは副教材全体に大きな危機感を抱き、集会の開催を決めた。タイトルは「高校生にウソを教えるな！――高校保健・副教材の使用中止・回収を求める9・11緊急集会」である。この集会の主催団体として、「高校保健・副教材の使用中止・回収を求める会」（以下、「副教材の回収を求める会」）（共同代表　西山千恵子・柘植あづみ）が発足した。本章ではこの会の活動を中心に紹介していく。

「副教材の回収を求める会」は集会の開催を決定した翌々日には、セクシュアル・マイノリティのための人権団体「レインボー・アクション」との共催をとりきめ、すぐさまSNSで広報を打ち始めた。九月一一日、わずか一週間ほどの準備・広報期間で平日夜にもかかわらず定員七〇人の会場が埋まる参加者が集まった。女性が多く、教員、とりわけ性教育に関心を持つ人や、メディア関係者が目立つ。関西圏からの参加者もいた。

集会では、「高校保健・副教材グラフ「改ざん」問題――経緯とそこから見えること」（高橋さきの）、「子どもはどのような存在か！」（鈴木良子）、「妊娠・出産・不妊の記述のウソを切る」（柘植あづみ）、「政策誘導による性的少数者に対する人権侵害の可能性について」（大塚健祐）が報告された。また、皆川満寿美は少子化対策の流れと副教材との関係について、唐川恵美子は「〝卵子の老化〟言説と優生思想」について指定発言をした。

副教材のずさんな数値や、若いうちに産ませる方向に誘導するグラフのキャプション、レイアウトなどが示されるたびに会場にはどよめきが起きた。最後には文科省・内閣府宛ての要請文（巻末資料参照）を採択して集会は幕を閉じた。

この集会はいくつかの実を結んだ。一つは副教材の「子供はどのような存在か」グラフの数値改ざんを指摘した鈴木良子の報告が後に新聞報道され、「妊娠しやすさグラフ」に続いて、文科省による二件めの正誤表配布につながっていったこと。もう一つは文科省・内閣府宛ての要請文に対して、当局と面談する機会が実現し、その「回答」を得たことである。本書の出版企画もこの集会を契機に持ち上がった。

2　内閣府・文部科学省との面談

その後、「副教材の回収を求める会」は、集会で託された内閣府、文科省宛ての要請文に、副教材の問題箇所を指摘した「資料」および両府省への質問書を添付して、これを神本美恵子参議院議員（民主党・当時）の協力のもと、同二四日に両府省宛てに提出した。私たちは同二八日に両府省の担当者たちから回答を得る面談の機会を得た。

問題箇所を指摘した「資料」の主な論点と両府省からの回答は本書の関連する章で触れられている

ので割愛する。また会のホームページ（http://fukukyozai.jimdo.com/）にこれらの情報が掲載されているのでそれを参照いただきたい。回答を簡潔にまとめれば、両府省が明確に誤りと認めたのは改ざん版の「妊娠しやすさグラフ」と、「子供とはどのような存在か」グラフ（面談時は「確認中」との回答）のみであった。「妊娠しやすさグラフ」の正誤表にも残り続けた縦軸タイトルの改ざん（「見かけの受胎確率」を勝手に意味を変え「妊娠のしやすさ」とし、女性の加齢を強調する形に改ざんした件。第一章参照）、詐欺商法まがいのグラフのキャプション、性差別的表現、疾患や障がいへの偏見につながる表現など、その他の指摘については、「妥当」「差別の意図はない」「キャプションの位置が不適切なだけで間違っていない」などの言葉や態度で「見解の相違」として退けられた。ただ文科省の担当官からは「今後の改訂にあたっては、そういった誤解や懸念が生じないように配慮しながら検討してまいりたい」との言葉も得た。この「配慮」がどこまでのものなのか、今後も注視していく必要がある。

3　改ざんグラフはなぜ掲載されたのか

なぜ、どのようにして改ざんされた「妊娠しやすさグラフ」が全国配布の副教材に掲載されたのか。その経緯が判明するには紆余曲折があった。グラフの誤りが最初に報じられた時点で毎日新聞は次のように書いた。

グラフの資料は、内閣府の結婚・子育て支援検討会の座長を務めた、吉村泰典・元日本産科婦人科学会理事長が、内閣府を通じて文科省に提出した。吉村氏は「誰が作製したのか分からないが、産婦人科では長年広く使われてきたグラフだったので誤りに気づかなかった。確かに誤りがあり遺憾だ」と話した。両府省は「チェックがおろそかだった」と釈明した。(山田泰蔵)(「毎日新聞」デジタル二〇一五年八月二五日「文科省:妊娠副教材で誤った数値掲載」)

改ざん経緯は不明だが提出されたグラフ自体が始めから間違っていたとのことである。改ざんグラフが「産婦人科では長年広く使われてきた」のが事実ならば大変なことだ。一方、朝日新聞の記事はそれとは異なる説明だった。

内閣府によると、副読本作成に関わった産婦人科医から提供された論文のグラフを内閣府側が見やすく加工する際に、元の数値からずれたという。担当者は『確認が不十分だった』としている。(畑山敦子)(「朝日新聞デジタル」二〇一五年八月二六日)

「誰が作製したのか分からない」というグラフを確認もせず提出した有識者・吉村氏の責任なのか、内閣府職員の転記ミスか。両紙の記述はくい違っている。だが実際、第一章で指摘しているように、吉村氏は改ざんされた「妊娠のしやすさグラフ」(改ざんのパターンは異なる)を二〇一三年六月から自らのホームページで紹介しているし、吉村氏が登場する厚生労働省の動画「妊娠と不妊について」（二〇一四年三月）の中でも、同氏は同じく改ざんグラフを使用している（いずれも詳細は第一章参照）。とすると、副教材の改ざんグラフ掲載の原因が、内閣府職員による今回の転記ミスにあるかのように読める朝日新聞の記事は辻つまが合わない。毎日新聞社の山田記者は記者会見で、なぜこのような報道になったかの経緯説明を有村大臣に求めているが、大臣は内閣府での数値の加工はなかったと主張しつつも、内閣府職員の取材対応については「分かりません」との回答を貫いた（一〇月二日記者会見要旨）（内閣府、二〇一五c）。

4 貫かれる秘密主義

改ざん「妊娠しやすさグラフ」が高校生、特に女子高校生の人生に、また社会に与える影響は重大である。しかし製作や発行元の内閣府、文科省からも、関与した専門家および関連の学術団体等からも、改ざんの経緯や原因の究明、責任の所在について、明らかにする姿勢は見られなかった。

毎日新聞の山田記者は有村大臣の記者会見で、次のような質問を出して改ざんグラフ掲載の経緯と責任のあり方について、繰り返し追求している（内閣府、二〇一五c）。

その（グラフを提供した）有識者の方は、図版について誰が作ったか分からないという御発言をされているのですけれども、誰が作ったか分からないような図版を提供し、教材に載せ、もう既にインターネットでその図版は拡散されています。やはり非常に責任が重いと思うのですが、その点、有村大臣、内閣府として責任を明確にされ、その有識者の方の名前を公表されるなどのお考えはありますか。（九月一日記者会見要旨・カッコ内は筆者）

こうした質問に対する有村大臣の返答によって分かってきたことは、次の三点である。

①改ざんグラフは吉村氏の他に別の有識者がチェックをし、この有識者も改ざんグラフを「クリアランス」（パス）させたこと、
②内閣府は今後とも変わらず、同じ有識者らの「専門的知見」を少子化対策にいかしていくこと、
（以上、同九月一日記者会見要旨）
③内閣府は吉村氏以外には、改ざんグラフをパスさせた別の「有識者」の名前を公表しないこと、
④「責任」の一つとして、担当大臣から謝罪したり、正誤表を配布していること、
（以上、同一〇月二日記者会見要旨）（なお、「正誤表」も不適切グラフであることを改めて強調しておこう）。

③の「別の有識者」の氏名を公表しない理由について、有村大臣は会見で次のように回答している。

なぜかというと……その方々を明確にすることによって、セカンドオピニオンとか、あるいは政府に協力、協力というのは専門的な提供をしていただくということが委縮してしまってはいけないということで、そもそもの資料のデータが正確ではなかった、資料提供された方の名前を明確にさせていただくということで、その制裁はなされているものと理解いたしております。（同一〇月二日記者会見要旨）

有村大臣は改ざんグラフ提供者の氏名を「明確に」して「制裁」をしたかのような物言いであるが、もともと吉村氏は毎日新聞の取材に対して、自らグラフの提供者であることを認めているのだから、会見で氏名を公表したところで実質的には「制裁」の意味はたいしてない。また「萎縮」しないで済む秘密主義によって副教材が作られたからこそ、政策意図の働いた改ざんデータの扱いが通用し、今回の副教材事件を引き起こしたのではないか。「その方々」に協力を求め続け、委縮しないよう氏名を非公開にし続けること自体、おかしなことだ。

最終的に長く不明であった改ざんグラフの作成者も、その提供者である吉村泰典氏だったことが分かった。二〇一六年五月二五日、第一九〇回国会参議院行政監視委員会での神本議員による質疑の中で、間違ったグラフの作成者が吉村氏自身であることを内閣府が確認したとの報告がなされた。故意ではなかったとのことである（参議院、二〇一六）。しかし当初の「誰が作製したか分からない」「産婦人科では長年広く使われてきた」といった報道とのくい違いや、内閣府の転記ミス報道の経緯などは曖昧なまま残ることとなった。また、「妊娠しやすさグラフ」が具体的にどのような手順で改ざんされたかについても不明なままとなった。

なお、この委員会に先立って、「副教材の回収を求める会」は吉村氏宛てに質問状（後述）を送っており、それへの回答として、吉村氏から直接に「当初のグラフは当方の手違い」との手紙を受け取った（二〇一五年一二月二八日付消印）。また田中重人がそのことを既に論文で公表している（田中、二〇一六d）。

5　九団体も改ざんグラフを推奨

「副教材の回収を求める会」は、一一月三〇日にシンポジウム「高校保健・副教材にみる専門家の倫理と責任」を開催した。シンポジウムの主題はタイトルの通り、学術的な立場から今回の副教材に権威付けをし、その内容の信頼性にお墨付きを与えた「専門家」や「専門家団体」に対して、その倫理と責任を問うものだった。

この中で田中重人は「日本産科婦人科学会等への質問状」を報告した。「質問状」とは、この時点で「副教材の回収を求める会」が起案していたもので、二〇一五年一二月初頭に日本産科婦人科学会など九団体ほかに送付された。

これらの質問状の内容について説明するためには、この九団体の活動を取り上げた日本家族計画協

図２－１：日本家族計画協会・機関紙『家族と健康』第 732 号平成 27 年 3 月 1 日発行の一面

リプロダクティブ・ヘルス／ライツ

（第732号）

家族と健康

健康教育情報紙

一般社団法人　日本家族計画協会
リプロ・ヘルス推進事業本部
健康教育推進本部
協力：公益財団法人予防医学事業中央会
〒162-0843　東京都新宿区市谷田町1-10　保健会館新館
電話03(3269)4727　FAX03(3267)2658　http://www.jfpa.or.jp
発行人：北村　邦夫　編集人：櫻田　忠宏　henshu@jfpa.or.jp
毎月１回１日発行　年間購読料¥3000＋税　１部¥300＋税〒共

本会・日本産科婦人科学会など9団体
学校教育の改善求め要望書提出

1月下旬、本会を含む学際的9団体（日本産科婦人科学会、日本産婦人科医会、日本生殖医学会、日本母性衛生学会、日本周産期・新生児医学会、日本婦人科腫瘍学会、日本女性医学学会、日本思春期学会、本会）を代表して、吉村泰典内閣官房参与から有村治子内閣府特命担当大臣に「学校における健康教育の改善に関する要望書」が手渡された。要望書は主として、中学校・高等学校における学習指導要領の改訂を求めたものだ。

近年の顕著な晩婚化・晩産化により、第1子出産時の母の平均年齢はこの30年でおよそ4歳上昇。年齢が高齢化すれば、女性の妊娠する能力は低下する（図1）。さらに不妊・不育症となる確率や妊産婦死亡率、出生児に染色体異常が起こる確率なども上昇する。要望書では、「結婚や妊娠・出産は、個人の選択によるもの」とした上で、「子どもを生み育てたいという希望がかなうためには、正しい知識に基づき判断できることが必要」と、現在の社会状況に合った学校教育の改善を求めている。

さらに要望書では、妊娠・出産の知識レベルが、日本は世界に比べ低い水準にあるという研究結果（図2）も提示し、「様々な情報が新聞、雑誌、インターネットを通じてだれでも容易に入手できる時代になりましたが、必ずしも正しい情報ばかりではありません。誤った情報から、妊娠適齢期を逃し、子どもを持ちたいという希望がかなえられない方が多くいます。（中略）医学的に正しい知識を、教育課程の中で提供していくことが、人々の希望の実現に不可欠となっています」とした。

有村大臣はこれを受け、下村博文文部科学大臣に面会。内閣府に対して要望書が提出されたことを伝えた。

9団体は教科書の編纂を行う際などに関して、医学関係者による最新の知識を要する場合は、責任を持って協力する旨も表明している。

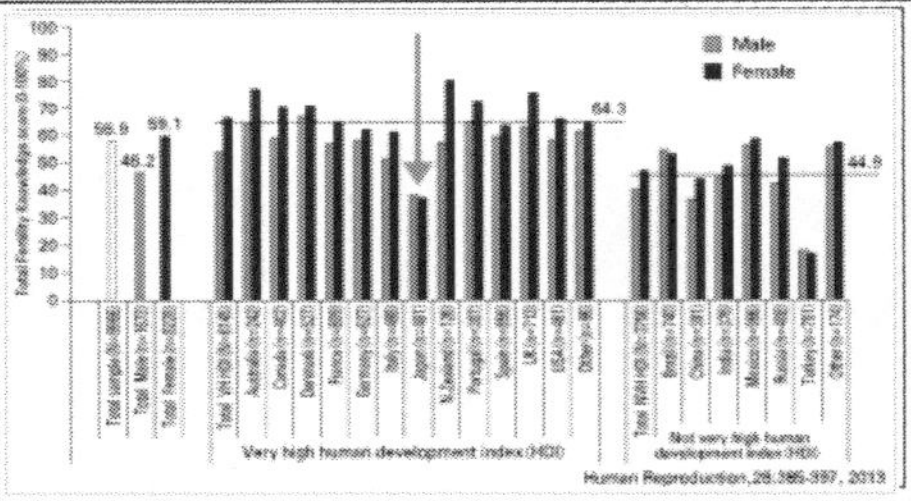

図２　妊娠・出産に関する知識（国・男女別）（要望書・参考資料より）

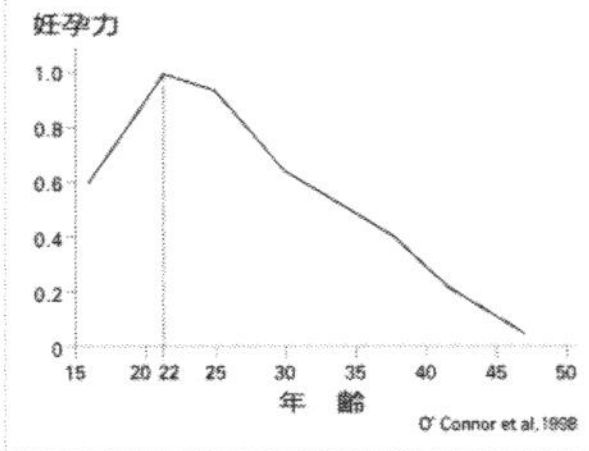

図１　女性の妊孕力（妊娠しやすさ）の年齢による変化（要望書・参考資料より）

【要望】

学校教育では、その時代に必要とされる教育内容を扱うことが重要です。我が国の少子化や人口減少が深刻化している今日、医学的観点からも健全な家族形成が促進できるよう、妊娠・出産の適齢期やそれを踏まえたライフプラン設計について十全な教育内容としていただきたい。

そのため、青少年教育の基礎となる中学校、高等学校の教科書に記述されるよう、学習指導要領において、必要かつ最新の正しい内容を掲載していただきたい。あわせて、副教材にも同様の内容を盛り込んでいただきたい。

要望書より一部抜粋

特命担当大臣への要望書の参考資料に改ざんされたグラフが含まれていたことを示す記事。

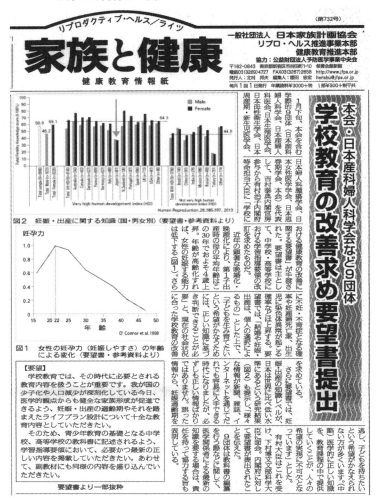

会の機関紙『家族と健康』七三二号（二〇一五年三月一日）の一面記事のことを書く必要がある。

この号には「本会・日本産科婦人科学会など九団体　学校教育の改善求め要望書提出」との見出しの下に、九団体の内閣府への働きかけが紹介されていた（図2-1）。要望書の内容は序章に記した通り、妊娠・出産の適齢期やそれを踏まえたライフプラン設計を中学・高校の教育に盛り込むことである。しかし「医学的に正しい知識を」と強調するその紙面では、「要望書・参考資料より」として、副教材に掲載されたグラフとよく似た改ざん版「妊娠しやすさ」グラフが掲載されていた（田中、二〇一六a）。しかも点線で強調されている二二歳の目盛をよく見ると、その箇所が二一歳寄りの位置にずれて打たれているおかしなグラフだ。また記事中には「妊娠・出産の知識レベルが、日本は世界に比べ低い水準にあるという研究結果も提示し」たとあり、紙面には第6章で田中が国際比較には不適切だと批判した「スターティング・ファミリーズ」調査のグラフも「参考資料」として掲載されている。

これらの記事に間違いがないなら、専門家集団であるはずの九団体が揃いもそろって改ざんグラフや不適切「国際比較」調査を持ち出して、誤った知識に基づく教育を要望したことになる。そのうえ記事の文末には「九団体は教科書の編纂を行う際などに関して、医学関係者による最新の知識を要する場合は、責任を持って協力する旨も表明している」とある（日本家族計画協会、二〇一五）。ハッキリ言って、心配である。

6　有識者・九団体への質問状

なぜデータの改ざんや、それを利用した妊娠・出産への圧力・誘導が「科学」「学術」の名のもとにまかりとおってしまうのか。これでは今後の科学者の不正行為に対する自浄機能もおぼつかないし、「科学」の政治的な利用にも歯止めがかからない。「副教材の回収を求める会」では、権威を利用して、妊娠・出産への政治的な圧力を後押しする専門家、学術団体の倫理や責任を問う必要（田中、二〇一五a）があると考え、これら専門家たちや学術団体に同年一二月初旬に質問状を出した。またその際、回答を「副教材の会」のホームページに掲示する旨を添えた。質問先は以下の団体および個人である。

- ●日本家族計画協会
- ●日本生殖医学会
- ●九団体のうち、上記二団体を除く七団体（日本産科婦人科学会、日本産婦人科医会、日本母性衛生学会、日本周産期・新生児医学会、日本婦人科腫瘍学会、日本女性医学学会、日本思春期学会）
- ●吉村泰典氏（内閣官房参与）
- ●北村邦夫氏（日本家族計画協会理事長、日本思春期学会監事、副教材の編集協力者）

●公益財団法人日本学校保健会「児童生徒の心と体を守るための啓発教材改訂委員会」

質問状の内容は主として一、事実関係を確認するもの、二、データの解釈、見解を尋ねるもの、三、改ざん・捏造等についての捉え方、対応の仕組みを尋ねるもの、である。特に二のデータの解釈、見解に関しては「医学的・科学的」な学術上の正確さを明らかにするために質問が多岐にわたった。とりわけ、学会として妊娠しやすさの「グラフを推奨する」と理事長コメントを公表した日本生殖医学会（第一章参照）に対しては、質問項目は専門的な内容を含め二一項目となった。

本稿では主として九団体に共通する質問と、日本生殖医学会に限定した質問のみを、一部簡略化してそれぞれ資料1、2として本章末尾に掲げた。質問状と各団体・個人からの返答の全容は「副教材の回収を求める会」のホームページに掲載されているのでそれを参照していただきたい。

7　回答から見える「専門性」への疑念

結論としては、九団体共通の回答として以下のとおり返信がきた。日本家族計画協会と日本生殖医学会には、ほかの七団体とは異なる質問状を送ったのだが、それにもかかわらず、九団体すべての回答が一通にまとめられていた。

会からの質問状よりも「回答書」の方が簡潔なので、本来の順序とは逆に回答書を先に示しその後に筆者からのコメントを記す。なお、「回答書」には引用者が便宜的に（一）、（二）など番号をふった。

回答書

二〇一五年一二月三日付、貴会から本九団体に寄せられた質問書について、以下、共同の回答とさせていただきます。

（一）日本家族計画協会の機関誌「家族と健康」二〇一五年三月一日号の記事は、九団体が有村少子化担当大臣（当時）に提出した「学校における健康教育の改善に関する要望書」の内容を説明したものですが、記事に掲載されたグラフ等については、外部より図表等に誤りがあるとの指摘を受け、一〇月一日号で「お詫びと訂正」を記載しました。（問1）

（二）「スターティング・ファミリーズ」調査は、妊娠・出産の知識レベルが、日本は各国に比べて低い水準にあるという傾向を示すものとして、適切であると考えております。（問2）

（三）妊娠・出産等に関して、科学的・医学的な情報提供が求められた際は、医学関係者として最新の知識を提供するなどの協力を考えています。（問3、10）

（四）今回、団体として協力したということはございません。（問4）

（五）「妊娠のしやすさ」のグラフに誤りがあったことは残念ですが、すぐに適切なグラフに差し替えるなど、事後の対応に問題はなかったと考えています。（問5、6、8、9）

（六）詳細については承知しておりません。（筆者注　誤ったグラフが産婦人科では長年広く使われてきたという報道内容が事実かという質問に対してについて）（問7）

回答（一）は、九団体が有村大臣（当時）に要望書を提出した際、誤った「妊娠しやすさグラフ」を含めたとする『家族と健康』記事の真偽を尋ねた質問への回答である。真偽には直接回答していないが、グラフの誤りを認めていることからみて、記事の内容は事実ということだろう。

また『家族と健康』紙は、誤った「妊娠しやすさグラフ」の掲載について一〇月一日号で「お詫びと訂正」を記載したと回答しているが、その号では「お詫びと訂正」の記事が小さく載っているのみで、しかも訂正されたのは要望書提出の日付だけである。誤った「妊娠しやすさグラフ」は訂正されていない（田中、二〇一六a）。

（二）の「スターティング・ファミリーズ」調査について、九団体の回答は、各国バラバラの基準で集められた「調査への参加者の傾向を示す」（傍点筆者）に過ぎない調査結果を、国際比較するデータとして「適切」とするものである。九団体の回答は「傾向」を示すという言葉を新規に付け足し曖昧さを水増ししているが、いずれにせよこうした回答が各団体の学術的なレベルおよび研究倫理を疑わせるものであることは、この調査を精査した田中が第六章で指摘しているとおりである。

（五）は「訂正」版の「妊娠しやすさグラフ」を適切とする回答であるが、この訂正グラフも不適切であることについては第一章で高橋が指摘しているとおりである。

（六）は改ざんされた「妊娠しやすさグラフ」が産婦人科で長年広く使われてきたとした吉村氏の発言（毎日新聞二〇一五年八月二一日）についての真偽と調査の状況を尋ねた質問に対する回答である。九団体は「詳細は承知していない」とのことであった。産婦人科で改ざんグラフが長く広く使われてきたという情報はこの業界、学会の名誉にかかわるものである。また新聞の取材にその内容を回答した吉村氏は日本産科婦人科学会および日本生殖医学会の理事長の役職を歴任してきた経緯がある。そうした重大な事がらに「承知していない」と回答する状況は、学会としての杜撰さ、無責任な態度を表すものといえる。それは、データ改ざんについての学会としての調査、処分、再発防止策など、研究倫理を保障する仕組みに関わる質問（問8、問9）にも事実上、回答がなかったことと共通している。

日本家族計画協会に対しては七団体と共通の質問のほか、同協会機関紙『家族と健康』七三二号（二〇一五年三月一日）の記事の複数の誤りについての質問を加えたが、これらについての回答は一切なかった。

日本生殖医学会に対する質問状としては、七団体と共通の質問のほか、「妊娠しやすさグラフ」を「本会としても推奨する」とした「理事長コメント」の内容について、学術的に踏み込んだ問いを含む一一項目の質問を加えた（資料2）。これらについての回答は一切なかった。

公益財団法人日本学校保健会「児童生徒の心と体を守るための啓発教材改訂委員会」委員長勝野眞吾氏宛てには、「妊娠しやすさグラフ」等副教材の誤り、不適切な表現についての意見を訊くほか、改訂委員会の教材の検討内容の記録の有無、今後の作製過程の公開、市民参加の実施についての見解などを尋ねたが、回答はなかった。

北村邦夫氏（日本家族計画協会理事長・副教材編集協力者）には副教材作製の協力内容や「妊娠しやすさグラフ」の適否について尋ねたが、協力したのは資料の作製と提供のみであり、また訂正後の「妊娠しやすさグラフ」は適切であるとの回答であった。

吉村泰典氏（内閣官房参与）には「妊娠しやすさグラフ」の使用状況、また同様に訂正後の「妊娠しやすさグラフ」の適否などについて尋ねたところ、改ざんされた「当初のグラフは当方の手違いにより誤ったグラフとなってしまい、大変申し訳ないと感じている」、訂正後のグラフは「適切だと考えている」などの回答を得た。先述のとおり、この時点で元グラフの曲線を変更したのも吉村氏自身であることが初めて明らかにされた。

以上が副教材作製に関連する有識者および九団体と改訂委員会からの回答・対応である。団体・個人を問わずすべての回答は、現行の「妊娠しやすさグラフ」の正誤表を適切とすることで共通していた。

なお、回答いただいた団体、個人の皆様には紙面を借りて感謝申し上げます。

8 「情報に惑わされないで！」

若いうちに産ませようとする政策意図を教育・啓発の場に持ち込む際、その意図を隠すために「正しい知識」、「科学」の名を動員して客観性や中立性を装う手法は、今後も全国津々浦々で取られていくような気配である。早く産んだ方があなたのため、という善意のふりをした圧力も続きそうだ。

二〇一六年一月一一日、浦安市の成人式では、市長が出産適齢期を一八歳から二六歳だと説明して若いうちの出産を促すセクハラ挨拶をしたが、その際もこの「適齢期」を日本産科婦人科学会の説と騙《かた》って紹介し[1]、「適齢期」を前倒ししたデマを「学会」の権威を借りて流した[2]。この誤まった情報はテレビや新聞などでそのまま報じられ広まった。同一四日、日本産科婦人科学会は「『出産適齢期は一八歳から二六歳を指す』と定義した事実は」ないというコメントをホームページで発表している[3]。

このような事例はすでに全国各地で見られる状況になっているのだろう。私たちは少子化対策の文脈で語られる「科学的な知識」については既に眉唾で受け止めるべき段階にいる。

さて、ここまでの議論では副教材が強調した「正しい科学」のウソや、少子化対策に協力してきた専門家、専門集団の倫理と責任の問題を取上げてきた。同時に私たちは、改ざん、誤りなどの暴露やその批判に目を向けるあまり、正しいデータでありさえすれば雌《メス》としての身体についての客観的な知識教育をどんどん推進してよいのだ、という論理に陥ることにも気を付けたい。知識は社会的、政治的な意味を帯びている。私たちは特定の知識がこの社会に宣伝され、広がっていく、その背景まで読み解く眼をもつ必要がある。

そうした意味で、副教材の「13　情報に惑わされないで！」（二六―二七頁）の内容には注目しておきたい。ここでは、特に健康情報に関して専門性が高い場合があることから、「不適切な情報に惑わされないように」と、生徒たちに注意を喚起し、その際の着眼点やポイントとして例えば以下を挙げている。


「誰がこの情報（メッセージ）を発信（作成）していますか」

「○○大学、□□研究所などだけでは、本当の専門家を表すわけではありません」

「情報を提供することにより利益を得る、スポンサー等がいませんか？」

「情報発信のターゲットにされていませんか？」

「なぜ、この情報が発信されたのでしょう」

「情報の発信は、利益を上げるためだけにされるわけではありません。個人または団体等の考えを広めたりするために発信されることもあります」


（副教材二七頁より抜粋）

副教材の妊娠・出産に関する頁の情報について、生徒たちに吟味・考察してほしいポイントが並んでいる。生徒たちが「情報に惑わされ」ることなく、自ら考え、選び、主体的に生きていくためには、こうした「科学」情報を読み解くためのリテラシー教育が重要だ。保健科目に限らず、学校教育は産ませるための少子化対策の道具となってはならない。

【注】

（1）「成人式『出産適齢期の皆さんに期待』浦安市長」『毎日新聞』二〇一六年一月一一日 http://mainichi.jp/articles/20160112/k00/00m/040/037000c（二〇一六年四月三〇日最終確認）。

（2）浦安市長のこの成人式挨拶に対し、「副教材の回収を求める会」は浦安市の「市長への手紙」を利用して、市長への抗議声明および要望書・質問書を送付したが、回答は戻ってきていない。詳細は会のホームページを参照。http://fukukyozai.jimdo.com/（二〇一六年四月三〇日最終確認）

（3）日本産科婦人科学会「成人式における自治体首長の発言に関する報道についてのコメント」http://www.jsog.or.jp/news/html/announce_20160114.html（二〇一六年四月三〇日最終確認）

【資料1】

＊七団体と日本生殖医学会、および日本家族計画協会（一部省略）への質問状（1〜10）

1．日本家族計画協会の機関紙『家族と健康』二〇一五年三月号の記事によると、貴団体を含む九団体が有村治子少子化対策担当大臣（当時）に提出した「学校における健康教育の改善に関する要望書」

の付属資料に、今回の誤ったグラフがふくまれていたとのことです。この記事内容は事実でしょうか。

2．上記記事によると、要望書の中では「妊娠・出産の知識レベルが、日本は世界に比べ低い水準にあるという研究成果」が提示されたとのことですが、これは事実でしょうか。また、この研究（カーディフ大学と製薬会社メルクセローノによる「スターティング・ファミリーズ」調査）は代表性を持つ標本の調査によるものではなく、国・言語間の比較可能性を考慮した調査デザインをとっていません。メルクセローノ社のプレスリリースでも「調査結果は一般集団を代表するものではなく、この調査への参加者の傾向を示すものです」「同様に、文中に登場する国名についても、その内容は本調査に回答した当該国の参加者を代表するものであり、必ずしもその国を代表するものではありません」と断っています。このような制約を無視して、調査参加者についての調査結果を、国を代表するものとしてあつかうことは、妥当とお考えでしょうか。

3．上記記事によると、要望書には「最新の知識を要する場合は、責任をもって協力する」旨の記述があったとのことですが、これは、具体的にどのような協力を想定したものだったのでしょうか。

4．文部科学省編集の高校生用保健副教材『健康な生活を送るために（平成二七年度版）』作製について、貴団体としては、何らかの協力をおこなわれたでしょうか。

5．副教材についての発表があった八月二一日以降、「妊娠のしやすさ」グラフの形状がセンセーショナルにとりあげられ、「女性の妊娠しやすさのピークは二二歳」という理解が広がっています。このような理解は、貴団体の考える医学的・科学的に正しい知識に合致したものでしょうか。

6．副教材について、九月二日に正誤表が発表されています。この訂正内容は適切なものとお考えでしょうか。

7．二〇一五年八月二五日の毎日新聞記事「文科省：妊娠副教材で誤った数値掲載」には、誤ったグラフは産婦人科では長年広く使われてきたグラフだったとありますが、これは事実でしょうか。またこのことについてなにか調査を実施されているでしょうか。

8．貴団体では、データ改ざんに対して、どのような規定を定めていらっしゃるでしょうか。また、これまでに、データ改ざんに関する調査・処分などの事例があれば、お教えくださるとありがたく存じます。

9．今回のような誤ったデータが用いられるのを防ぐには、どのような再発防止策が有効とお考えでしょうか。ご意見をうかがいたく存じます。

10．当会は、文部科学省・内閣府から、この副教材の次の改訂をできるだけ早くおこない、間違いについては訂正していく旨の回答を得ています。貴団体は、この副教材の改訂に際して、文部科学省・内閣府に専門家としていかにかかわるご予定でしょうか。

【資料2】

＊日本生殖医学会への質問状（11～22）

11．一〇月二日の有村治子少子化対策担当大臣（当時）の記者会見記録によれば、当該教材に当初掲載されたグラフは、貴学会の前の理事長であった吉村泰典氏から提供されたということです〈http://www.cao.go.jp/minister/1412_h_arimura/kaiken/2015/1002kaiken.html〉。吉村氏は、貴学会理事長在任中の二〇一三年六月二五日に執筆したブログ記事で、これと同様のグラフを使用しています〈http://yoshimurayasunori.jp/blogs/ 卵子の老化―続報―女性の年齢と妊孕力との関係 /〉。この件について、貴学会としては、なんらかの対応を考えておいででしょうか。

■二〇一五年九月七日付で公表された貴学会理事長コメント「文部科学省高校生用啓発教材「健康な生活を送るために」の中の「20. 健やかな妊娠・出産のために」に関する意見」〈http://www.jsrm.or.jp/announce/089.pdf〉の内容についておうかがいします。

12. このコメントは「本年八月下旬に全国に配布した高校生用啓発教材」についてのものということですが、これはグラフについて訂正が行われる前の副教材を指しているものと理解してよいでしょうか（正誤表の発表は九月二日）。

13. 曲線を変形させたり二二歳のところに縦点線を加えたりしたグラフの載った教材が高校に配布されたことへのコメントがありませんが、それはなぜでしょうか。このグラフは貴学会の前の理事長であった吉村泰典氏が提出したものとされており、また同じグラフが、「産婦人科では長年広く使われてきた」ものであると吉村氏が語ったと報じられている（毎日新聞八月二五日記事）事態なのですから、まずその事実関係について説明があるべきではないでしょうか。

14．このグラフが「長年用いられてきた」とありますが、それは、いつごろから、どのような人によって、どのような場面で、どのような目的で用いられてきたのでしょうか。グラフの具体的な使用状況がわかる文献などを示していただけると幸いです。

15．コメント中では「年齢に伴う受胎確率の低下」だけが言及されていて、一〇代後半から二〇代前半のグラフに示される受胎確率の上昇についてのコメントがありません。この上昇部分は、「生殖医学に関わる種々のエビデンス」に呼応するものではない、と理解してよいでしょうか。

16．当該グラフの元の数値を推計した Bendel and Hua（Social biology 25(3):210-227（1978））、それを元にグラフを描きなおした Wood（Oxford reviews of reproductive biology 11:61-109（1989））、それを写した O'Connor et al.（Maturitas 30(2):127-136（1998））の三つの論文の間で、グラフの形状にかなりの違いがあります。これらのグラフのうち、どれが正しいとお考えでしょうか。

17．上記 Bendel and Hua の推計は多数の仮定をおき、さまざまなデータからパラメーターを外挿した複雑なもので、その後の研究による妥当性の検討がほとんどおこなわれていません。また、本来は人口学の成果ですから、医学研究者が精通している分野でないように思われます。医学分野の近年の研究ではなく、あえてこのような研究を推奨する理由は何でしょうか。より妥当な、近年の研究を反映した医学的根拠があるなら、そちらを使うべきではないでしょうか。

18．人口学用語である「見かけの受胎確率」について「「妊娠のしやすさ」という言葉で表現することも、医学的には何ら問題ない」とありますが、他分野の専門用語の言い換えについて「医学的には何ら問題ない」と判断された根拠をうかがいたく存じます。

19．このグラフが示す内容は「（特定文化の特定時期の）特定年齢差のあるカップル」についての値ではないでしょうか。それを「女性の妊娠のしやすさ」と表記する理由は何でしょうか。

20．もし「女性の妊娠のしやすさ」というものを考えるとすれば、現実には妊娠できない女性がいる以上、その率が一〇〇％となることはありえません。にもかかわらず、わざわざ特定年齢（この場合は二二歳）を一〇〇％とした相対値というかたちで示す理由は何でしょうか？　このようなグラフは若い女性は全員妊娠することができるものだという印象をあたえる効果を持ちますが、そのような効果を踏まえて、「このグラフを推奨する」という判断をされたのでしょうか。

21．「Reproductive Health and Rights」なる言葉が出てきますが、これはどういう意味でお使いでしょうか。また、なぜ晩婚・晩産化は「Reproductive Health and Rights の観点からも健全でない」といえるのでしょうか。

22．O'Connor et al. のグラフは、「見かけの受胎確率に関わる事象の全て」をふくんでおり、なかでも結婚からの時間経過による性交頻度の低下の要因が大きいことを、同論文の共著者である Wood は指摘しています。したがって、このグラフにあらわれた「見かけの受胎確率の低下」は、「ヒトの妊娠する能力の年齢変化」を表すものではなく、グラフの元データがとられた社会（一九五〇年代のアメリカのフッター派コミュニティ）において、結婚からの時間経過に伴って、性交頻度が落ちていくために「妊娠のしやすさ」が低下していくさまを表しています。昔の一宗教団体における性的慣習を理解することが、なぜ「ヒトの妊娠する能力の年齢変化」を学習することになるのでしょうか。説明をお願いします。

第３章　「子ども＝生きがい」言説の危うさ……………………鈴木良子

高校生向け・文部科学省作成の副教材『健康な生活を送るために』の存在を知ったのは、ある新聞記者からの連絡だった。「問題があるように感じるので、読んでみてほしい。コメントが欲しい」と。読んでみて、と言われたのは副教材三八ページ「19　安心して子供を産み育てられる社会に向けて」である。

おそらく、記者さんはフィンレージの会（不妊に悩む当事者の自助グループ）スタッフである私に対し、不妊・不妊治療がらみの問題提起、コメントを期待したのだろう。実際、他の不妊サポート団体にも連絡をしたそうだ。しかし、一読して私が真っ先に違和感を持ったのは、不妊そのものを取り上げた項目よりも「子供とはどのような存在か」の部分であった。それは「子供をもつことについてどのように考えているか」を尋ねた意識調査を紹介するもので、子どもは「生きがい・喜び・希望」などの回答の数値を表した棒グラフと、ふっくらした赤ちゃんの写真、そして次のような解説文が添えられていた。

未婚・既婚を問わず子供をもつことについてどのように考えているか尋ねた調査結果では、「生きがい・喜び・希望」、「無償の愛を捧げる対象」とする回答割合が高く、子育てによる経済的、精神的負担よりも、子供は日々の生活を豊かにしてくれ、生きる上での喜びや希望であるという意識が強いことがうかがえます。

……何だか子どもは「幸せな生涯を送るため」の必須アイテム、「もてばアナタも大満足！」というセールストークのよう。ワタシの脳内では「ほ〜ら、子どもってこんなに良いモノなんですよ〜、ね？　ね？　みんな生きがいだって言ってるんです〜、無償の愛を捧げられるし、日々の生活を豊かにしてくれるんです〜（だからアナタも子どもをもちましょう！）」というメッセージが某テレビショッピングのノリで繰り返し再生されてしまった。

ちょうど、読んでいたミステリにこんな一節があった。「子どもたちはペットや家具ではない。所有している人々に喜びを与えるためにこの世に送られたものではない」（ボックス、二〇〇五、二三六頁）。その通りだと思う。子どもは大人の欲求を充足させるため、あるいは何らかの不足を埋め合わせるため――つまり〝大人の満足〟のために生まれてくるわけではない。「幸せになりたいから」「生きがいが欲しいから」などの欲求を動機にした子づくりは家族・親子関係に微妙な軋轢をもたらしかねないように思うし、なにより、こうした「子ども＝生きがい・幸せ」という言説を高校生に対して子どもをもつ動機付けとしてアピールするのは、後述していくように非常に問題があると考える。

1　子どもを持つ喜びを強調するための間違ったグラフ

さて結論から言うと、図3-1「子供とはどのような存在か」グラフ（以下、生きがいグラフ）は、特に上位の「生きがい・喜び・希望」「無償の愛を捧げる対象」などの回答割合が、本来の数値より高くなっていた。これを毎日新聞は「一部回答を誇張」、共同通信は「子どもを持つ喜びを強調するような誤ったグラフ」と報道した(1)。

生きがいグラフの出典は、二〇〇四年に発表された「少子化に関する意識調査研究」報告である。これは厚生労働省雇用均等・児童家庭局が電通に依託した調査だ（以下、電通調査）（電通、二〇〇四）。副教材の説明文には、このグラフは「既婚・未婚を問わず子供をもつことについてどのように考えているか尋ねた調査結果」だとある。グラフの注にも質問文が紹介され、そこに「独身の方も、仮定でお答え下さい」と記載があるので、読み手は「生きがい・喜び・希望」に○《マル》をつけた人は全体の七八・九%、「無償の愛を捧げる対象」に○《マル》をつけた人は全体の五六・四%だと受けとめるだろう。かなり高い数値である。

ところが、実際にはこの高い数値は表3-1のマーカー部分にあるように「既婚で、子どもがいる人たち」グループの回答割合の平均をとった数値であった。説明文どおり、既婚・未婚を問わない全体の数値を出すなら、その値はもっと低くなるのである。

図３－１：副教材「子供とはどのような存在か」に掲載されたグラフ

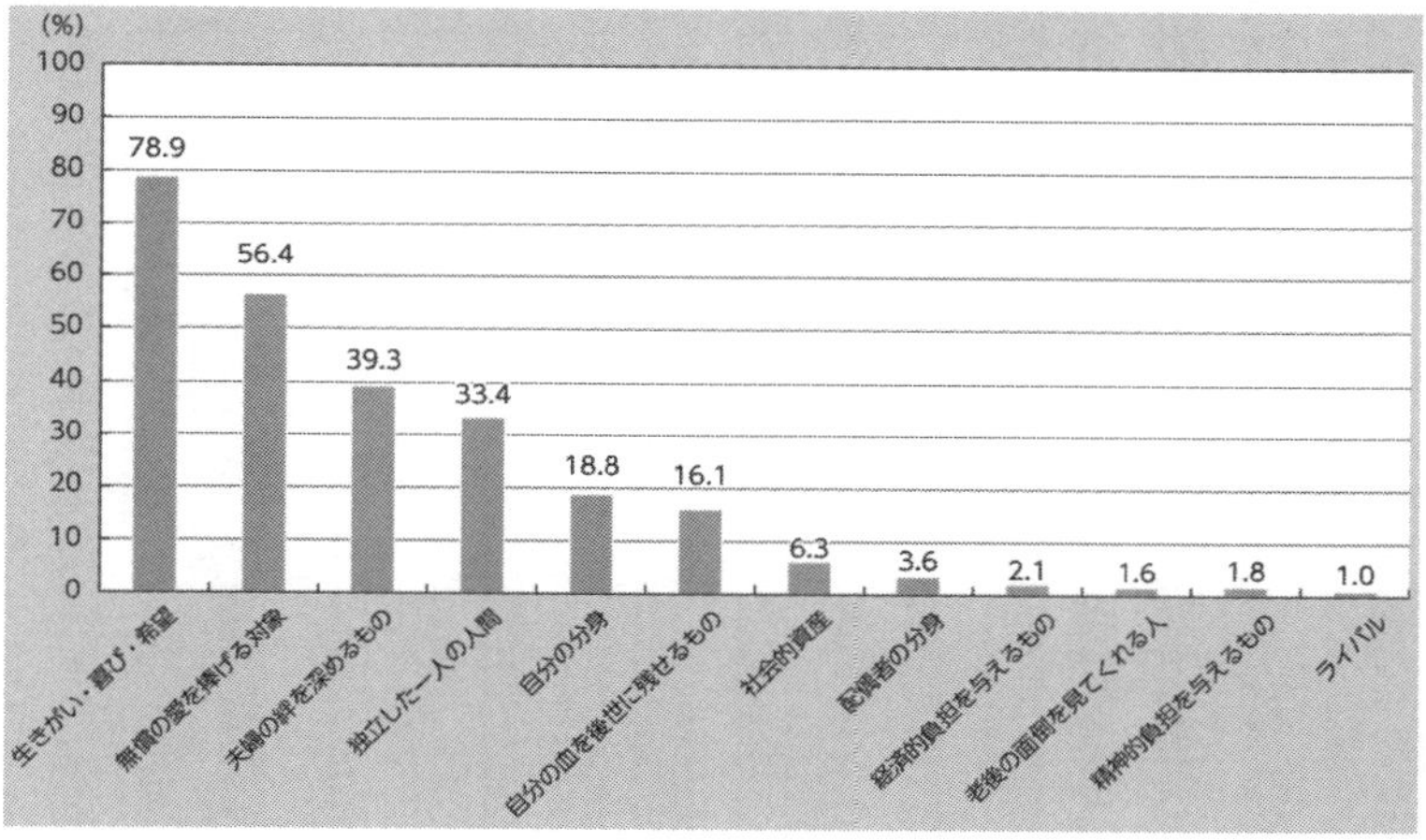

資料：厚生労働省雇用均等・児童家庭局「少子化に関する意識調査」（2004年）より厚生労働省政策統括官付政策評価官室作成

（注）1.「あなたにとって子供とはどのようなものですが。独身の方も、仮定でお答えください。（○は３つまで）」と尋ねた問に対して回答した人の割合。

2. 選択肢はほかに、「その他」。

※この調査の実施は電通による（電通、二〇〇四）（筆者注）

電通調査は回答者を男女／婚姻の有無／子どもの有無という属性によって14グループに分けて集計を行った。副教材に掲載されているのは表３－１の14グループ中の６グループ（表の５、６、７および12、13、14グループ）の回答割合の数値を足して６で割ったもの、つまり「平均値」であった（この計算の仕方じたいが統計的にダメなものであることは後で述べる）。

この数字には独身の人や既婚で子どものない人の回答は含まれていない。生きがいグラフは、これがあたかも既婚・未婚を問わない、いわゆる「世間一般」の意識である、とミスリードしている。

表３－１に示すように、既婚で子ど

表3－1：厚生労働省雇用均等・児童家庭局「少子化に関する意識調査」（2004年）※

Q15. あなたにとって子どもとはどのようなものですか。独身の方も、仮定でお答え下さい。（○は3つまで）

	グループ	各グループN=150	（子どもの有無）	生きがい・喜び・希望	無償の愛を奉げる対象	夫婦の絆を深めるもの	独立した一人の人間	自分の血を後世に残せるもの	自分の分身	社会的資産	配偶者の分身	経済的負担を与えるもの	老後の面倒を見てくれる人	精神的負担を与えるもの	ライバル	その他
男性	1	若年独身	なし	70.7	40.0	36.7	31.3	31.3	15.3	7.3	4.0	4.0	4.0	3.3	3.3	－
	2	継続独身	不問	64.7	23.3	27.3	30.3	37.3	22.7	12.7	4.0	4.7	6.0	2.7	－	3.3
	3	若年無子家族男性	なし	66.0	36.7	46.0	28.0	32.0	21.3	3.3	8.7	4.7	2.0	1.3	－	1.3
	4	継続無子家族男性	なし	55.3	30.0	33.3	30.7	44.7	22.7	7.3	8.0	4.0	2.0	1.3	1.3	1.3
女性	8	若年独身	なし	70.7	45.3	42.0	34.0	24.7	15.3	5.3	4.0	4.0	2.0	2.0	1.3	－
	9	継続独身	不問	56.7	54.7	29.3	44.0	22.0	18.7	10.7	4.7	5.3	3.3	2.0	0.7	0.7
	10	若年無子家族女性	なし	66.0	53.3	48.0	26.0	19.3	17.3	2.0	10.7	8.0	1.3	3.3	－	2.7
	11	継続無子家族女性	なし	46.7	40.7	30.0	40.0	30.7	15.3	7.3	5.3	6.0	3.3	4.0	0.7	2.7
男性	5	若年一人っ子家族男性	1人	88.7	59.3	42.7	15.3	20.0	24.0	4.7	4.7	1.3	2.7	0.7	2.0	－
	6	継続一人っ子	1人	73.3	47.3	37.3	35.3	20.0	19.3	7.3	4.0	2.7	1.3	2.0	1.3	2.0
	7	複数子家族	2人以上	81.3	46.7	48.0	34.7	17.3	17.3	10.0	4.7	3.3	2.0	1.3	1.3	0.7
女性	12	若年一人っ子家族女性	1人	79.3	71.3	39.3	29.3	12.0	22.7	3.3	4.0	－	－	2.0	0.7	2.7
	13	継続一人っ子	1人	74.0	58.7	34.0	43.3	12.7	16.0	4.7	2.0	2.7	2.0	2.0	0.7	0.7
	14	複数子家族	2人以上	76.7	55.3	34.7	42.7	14.7	13.3	8.0	2.0	2.7	1.3	2.7	－	4.0
		全体(1-14)の平均		69.3	47.3	37.8	33.2	24.2	18.7	6.7	5.1	3.8	2.4	2.2	1.0	1.6
		5,6,7および12,13,14(子どものいる人のみ)の平均		78.9	56.4	39.3	33.4	16.1	18.8	6.3	3.6	2.1	1.6	1.8	1.0	1.7
		1.2.3.4と8.9.10.11の平均		62.1	40.5	36.6	33.0	30.3	18.6	7.0	6.2	5.1	3.0	2.5	0.9	1.5

※「少子化に関する意識調査研究」報告について http://www.mhlw.go.jp/houdow/2004/08/h0813-2 より鈴木作成（電通、二〇〇四参照）

ものない人＝「継続無子家族」で「生きがい・喜び・希望」に〇《マル》をつけたのは女性で四六・七％、男性五五・三％、およそ半数である。また、本来の全体平均、つまり未婚の人や、既婚で子どものない人を含めた場合の「生きがい・喜び・希望」は六九・三％、「無償の愛」は四七・三％。いずれも掲載されている数値より一〇ポイント近く低く、グラフで表したならずいぶん違った印象になるだろう。

筆者がこの問題を二〇一五年九月一一日に開催された緊急集会で報告したところ、取材で集会に参加していた毎日新聞記者が九月二五日朝刊に「保健副教材　また不適切　一部回答を誇張するグラフ」としてとりあげてくれた。同日朝の大臣記者会見では、有村治子内閣府特命担当大臣（少子化担当大臣）（当時）が次のようにコメントしている（内閣府、二〇一五c）。

> 今朝の毎日新聞の報道は当然承知しております。拝読いたしました。その中で御指摘があった「子供とはどのような存在か」というところのグラフ、説明でございますが、これは、文部科学省が厚生労働省の平成二五年版の厚生労働白書からそのまま引用されてきたと聞いておりますので、その内容に関しても厚生労働省が白書で出されたその内容そのままを引用してきていますので、内容については厚生労働省にお聞きいただければと思っております。ここに関して内閣府が積極的に関与したという経過はございません。

翌二六日、毎日新聞は有村大臣の会見を元に、このグラフが「二〇一三年版厚生労働白書から転載

したものだった」「なんと誤植部分まで丸写しだった」と報道した。(2)

そして九月二八日、「高校保健・副教材の使用中止・回収を求める会」メンバーは文部科学省・内閣府の担当者と面談。面談時ははっきりとした回答をしなかった担当者らだが、最終的に、厚生労働白書ではグラフの注部分に、回答の数値割合は「子どもを持つ既婚の男性・女性に限ったものである」ことが示され、副教材ではグラフの数値が表1で示した「全体の平均」に下方修正された。

2 「生きがいグラフ」の変遷

有村大臣の答弁は、「ミス」の原因は厚生労働白書、厚労省にあると言わんばかりで情けないのだが、とりあえず副教材掲載に至るまでの生きがいグラフの改ざん経緯を見ておこうと思う（図3-2）。

まず、生きがいグラフの出典である電通調査における質問文は「あなたにとって子どもとはどのようなものですか。独身の方も、仮定でお答え下さい。（○は三つまで）」というものであった。表1にあるように、調査協力者全員に回答してもらっている。

翌二〇〇五年の『平成一七年版国民生活白書』が、この質問に対する一部の回答をグラフ化して掲載した。一部というのは14グループ中の6グループ＝子どものいる人たちで、具体的には「若年一人っ子家族」「継続一人っ子家族」「複数子家族」の男女別回答である。これが折れ線グラフとなった。グラフには説明文および注釈として、子どものいる人の回答であること、またそれぞれのグループの

図３−２：「生きがいグラフ」の変遷

2004年（平成16年）「少子化に関する意識研究調査」

厚生労働省雇用均等・児童家庭局が電通に依託した調査。実施日は2004年2月16日〜3月2日。

平成17年版国民生活白書（2005）p. 35に６グループ＝「若年一人っ子家族「継続一人っ子家族」「複数子家族」の男女別グラフが掲載される。

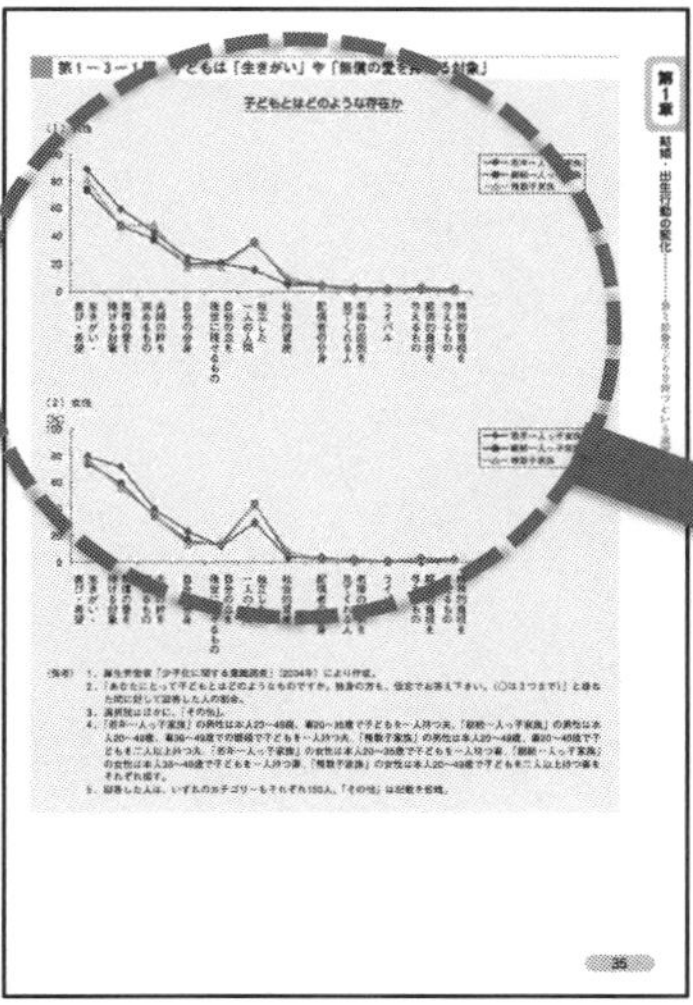

平成25年版厚生労働白書（2013）p. 94で、グラフを改変。６グループの数値を足して平均値を出し、縦棒グラフにして掲載。

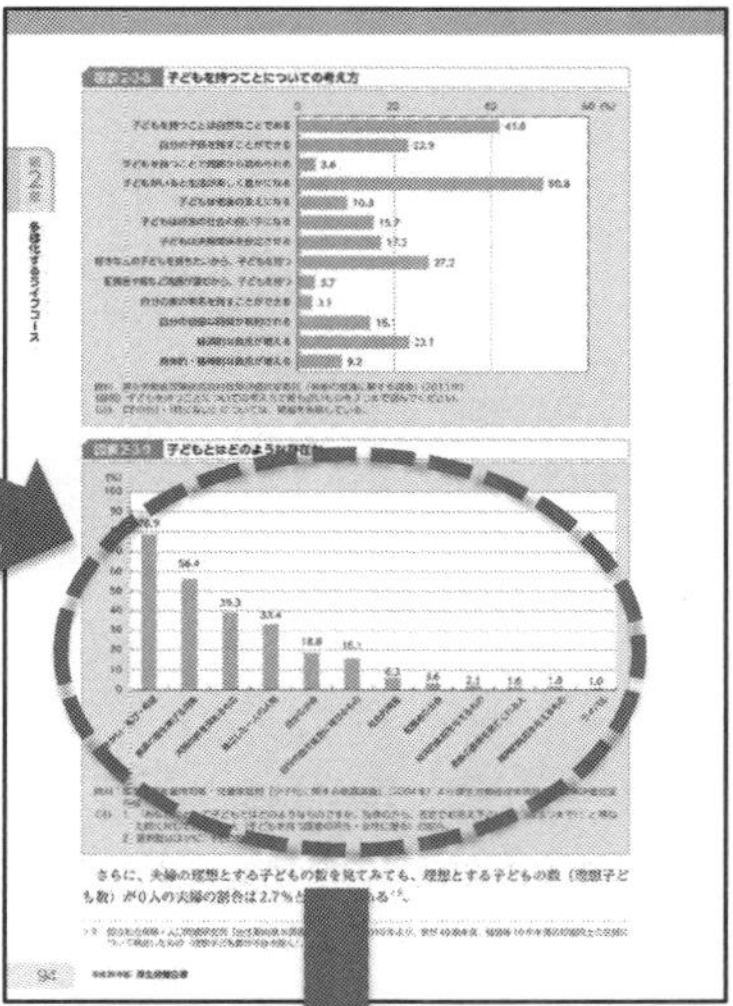

副教材は誤植もそのままに引用転載。→ちなみにグラフ左に添えられた写真のサイズは、副教材の人物像の中で一番大きい。

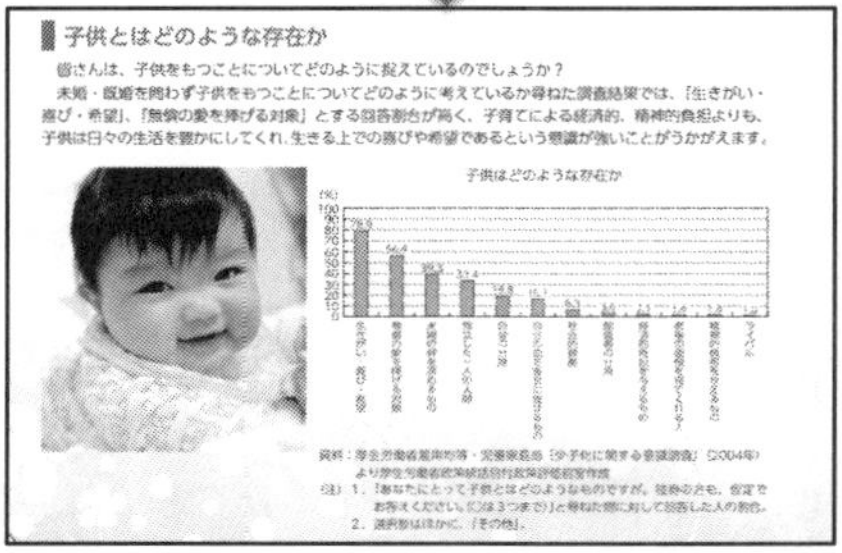

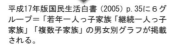

年齢（たとえば「複数子家族」の男性は本人二〇～四九歳、妻二〇～四九歳で子どもを二人以上持つ夫、等）、またサンプル数は6グループいずれも一五〇人ずつであることなどが、明記されている（内閣府、二〇〇五b）。

この折れ線グラフが、二〇一三年、『平成二五年版厚生労働白書』で再登場した。厚生労働省の担当官は、先の『国民生活白書』の6グループ分の回答数値の総和から「平均値」を出し、縦棒グラフにした。ここで、この『国民生活白書』にあった説明および注釈、つまり子どものいる人たちの回答であることとか、それぞれの年齢などはすっぽり抜け落ちた。そして『厚生労働白書』はこれを「若者は子どもを持つことについてどのように捉えているのだろうか」と紹介した（傍点筆者（厚生労働省、二〇一三b、九三頁））。表3‐1および先の『国民生活白書』にあるように、このグラフの回答者の年齢幅は二〇歳～四九歳。それを「若者」とひとくくりにしてはダメだろうし、注釈を外してしまうのもおかしい。しかし、高校生向けの情報提供を考えていた副教材制作者らは「若者」というコトバに惹かれたのだろうか、「若者は～」を「皆さんは、子供をもつことについて～」という呼びかけに置き換え、出典となる調査のデータ確認もせず、誤植もそのままに転載したのである。

3　調査自体が「トンデモ」だった

生きがいグラフは、数値改ざん以外に、もっと本質的な問題をも抱えている。本書第六章を執筆している社会学者・田中重人は、出典となる電通調査そのものを「調査のやり方自体がまともでない」、「特定のターゲット層に限定して安上がりに済ませる市場調査ならともかく、通常の社会調査でとる方法ではない」と断じる。以下はその理由である。(3)

●電話帳から抽出した電話番号（すでにこの時点で偏りがある）に電話をかけ、家族構成や住所を聞いて調査依頼している。しかし、調査会社から突然かかってきた電話に、家族構成や住所を教えて協力する人がどのくらい、いるだろうか？

●七万二五二〇件電話したうち協力者が二八七〇人、最終的な有効票は二一〇〇人ということなので、回収率は三％と極端に低い。最近の社会調査の多くは回収率が数十％しか見込めず、大問題になっているが、そういうレベルではない低さである。

●性別・年齢・配偶関係・子どもの人数で分けた14グループそれぞれ一五〇人ずつという設定の調査なので、そもそも社会全体を代表する結果を得るためのものではない。またグループごとに集計対象者数の抽出率が違うことになるので、副教材の修正版のように、全体の平均をとってよいものでもない。

ではなぜこうした問題だらけの調査データが二〇一三年の『厚生労働白書』、ひいては副教材に掲載されたのか。それはたぶん、「子どもをもつことについての考え方」という質問に「生きがい・喜び・希望」「無償の愛を捧げる対象」などという（こっぱずかしい）選択肢をもってきた調査が、コレしかなかったからだと思う。
たとえば二〇一三年の『厚生労働白書』は、生きがいグラフともう一つ、「子どもを持つことについての考え方」というグラフをセットで掲載している（図3-2を参照。『厚生労働白書』においては九四頁、図表2-3-8)）。後者のグラフは厚生労働省が二〇一三年に三菱総合研究所に依託した「若者の意識に関する調査」（以下、三菱総研調査）のデータで、「子どもを持つことについての考え方で最も近いものを三つまで選んでください。」という質問に対する回答であり、その選択肢は以下である。

子どもを持つことは自然なことである／自分の子孫を残すことができる／子どもを持つことで周囲から認められる／子どもがいると生活が楽しく豊かになる／子どもは老後の支えになる／子どもは将来の社会の担い手になる／子どもは夫婦関係を安定させる／好きな人の子どもを持ちたいから、子どもを持つ／配偶者や親など周囲が望むから、子どもを持つ／自分の家の家名を残すことができる／自分の自由な時間が制約される／経済的な負担が増える／身体的・経済的な負担が増える／その他／特にない

この選択肢を、仮に「子ども＝自然・生活が豊か」バージョンと呼んでおこう。実はこの「子ども

＝自然・生活が豊か」バージョンは、三菱総研調査だけでなく、内閣府や厚生労働省、また地方自治体における少子化に関する意識調査の回答選択肢として繰り返し用いられている。この場合の質問文は「子どもをもつことについての考え方」を聞くもの、「子どもが欲しいと思う理由」を聞くもの、そして電通調査のように「あなたにとって、子どもとはどのようなものですか」と聞くもの、という三つのパターーンのいずれかである。(4)

そして、これら「子どもをもつことについての考え方／理由／どのようなものか」という質問パターンを用い、選択肢に「生きがい・喜び・希望」「無償の愛を捧げる対象」等を挙げた調査は、少なくとも私が見渡した限りでは電通調査のみである。

整理すると、「子どもをもつことが一般的にどう捉えられているか」の調査は他にも複数あったのだが、副教材は、類似の調査とはかなり異なる文言を用い、かつ方法にも問題がある調査のデータを選んで掲載した、ということだ。その意図は共同通信が報じたように「子どもを持つ喜びを強調する」――私に言わせれば子どもをもつことを売り込む――ためと思わざるを得ない。きょうび、あからさまに「生めよ育てよ国のため」とは言えない。だから個人に幸せ・生きがいをもたらすモノ、つまり「あなたのため」と子どもをもつことをアピールするイメージ戦略をとるのだろう（第四章、七章を参照のこと）。

ン」の一つらしい。

4　結婚・子育てポジティブキャンペーン

事実、国にとっては、この副教材も「少子化対策」としての「結婚・子育てポジティブキャンペーン」の一つらしい。

副教材が「医学的・科学的に正しい妊娠・出産の知識等」を盛り込んで改訂された、と有村大臣が会見発表したのは二〇一五年八月二一日午前中であったが、その午後には「少子化社会対策大綱の具体化に向けた結婚・子育て支援の重点的取り組みに関する検討会」の第五回（最終回）が開催された。同検討会の「提言」も同日付けで発表され、提言には「結婚・妊娠・出産等に係る情報提供」の具体的な取り組みとして「若い世代に対し、結婚生活や家族形成のポジティブな面について情報発信などを行うべきである。」という文言がある（内閣府、二〇一五b）。そして、内閣府の少子化担当・岡参事官は「副教材は提言のこの部分を即具体化としたもの」として委員に紹介している。

提言にある「結婚生活や家族形成のポジティブな面についての情報発信」は、地方自治体の少子化対策としてかなり重視されているものである。自治体首長で構成する全国知事会は二〇〇七年に「子育てポジティブキャンペーンに関する申し合わせ」を決議、二〇一四年には「少子化非常事態宣言」を出し、二〇一五年二月には有村大臣あてに「出生率を高める施策」としての総合的な結婚支援策、具体的には「国主体のメディアを活用した『結婚・子育てポジティブキャンペーン』の展開」の政策提案をしている。

検討会では、自治体や民間団体のさまざまな取り組み――婚活事業や子育て支援等――が、「基本的には結婚して出産することがハッピーなのだという文化みたいなものをどんどん伝えていきたい」「子どもを得ることによる親のメリット（を伝えていきたい）」などの発言と共に紹介された。有村大臣も「ポジティブなメッセージを出すためにどういうことを言えばいいのか」などと何度か発言、「ポジティブ」は一つのキーワードとして提言にも盛り込まれた。そして、その「即具体化」が副教材というわけだ。ポジティブなメッセージ、それが「子どもは生きがい・喜び・希望です」とアピールすることなのだろう。

しかし、こうアピールをしたいがために持ってきたグラフがとんでもないものだったのは前述の通りである。①おかしなグラフを「科学的に正しい情報」だとして、②教育を通じ、③国に都合のよい方向に若い世代を誘導する、という手口では、二二歳をピークとする「妊娠のしやすさ」グラフ、さらに第六章で田中が言及している「スターティング・ファミリーズ（国際）調査」とまったく同じと言える。

それに、そもそも「ポジティブキャンペーン」なんて、よけいなお世話ではなかろうか。私は、生殖というプライベートな行為に対し、国が「幸せ」「生きがい・喜び」といった何らかの価値判断を伴う言葉を示すのは控えるべきだと思う。子産み・子育てをその人がどう捉えるか、どう思うかは、それこそ本人の自由。「こう思わなければいけない」という正解があるわけでもないし、こういう思いはポジティブで、こっちはネガティブとかの二元論による振り分けも、結局は何らかの価値尺度に基づいた決めつけにすぎない(5)。

だいたい、実際に親から「アナタが生きがい」「アナタが希望」などと言われて育ったとしたら、うっとうしいではないか。まして「無償の愛を捧げてきたのに」なんて言われたら、もう逃げ出すしかない（むろん、電通調査に協力した人たちも直接そんなセリフを子どもに向けているわけではなく、選択可能な回答にチェックを入れただけと思われる。その意味でもこの調査を選んで載せた人たちのセンスは薄ら寒い）。

これまでの育ちの中で、親が自分に希望を見いだしているとか自分に対して愛を注いでいるなどととてもじゃないけど思えない、という子もいるだろう。また世の中には子どもを「もたない」「もちたくない」と考える人もおり、高校生であれば、すでにそうした思いを抱いている子もいるだろう。日本は同調圧力の強い社会とも指摘されているわけで、生きがいグラフは「こう思うのが多数であり正しい意識」（そう思わない人はおかしな人・少数派・異質）というメッセージになりうるし、それは個々人のさまざまな思いそのものを、否定しかねない。

5　不妊を脅しに使わないで

加えて、副教材の生きがいグラフにつづくページには「不妊で悩む人が増加している」として唐突に不妊が登場する。「結婚して自分たちが不妊かな、と思ったときは男女ともに産婦人科を受診し、検査治療をすることが大切です」という文章も添えられる（第四章を参照）。前ページで子どもをもつことは「生きがい・喜び・希望」と強調したぶん、不妊＝子どもをもてないこと、もたないことは「避けるべきこと」であり、医療（科学）によって治療（解決）すべき病気としてイメージされてしまう。

しかし、不妊治療は万能ではない。治療すれば子どもができるというものでは決してないのだ。また仮に不妊ではないかと疑っても検査や治療をするかどうかは本人の問題で、医療機関での検査治療はいっさい受けない、自然にまかせるという選択もある。夫婦ふたりの人生を選ぶ人、あるいは養親・里親になる道を歩んでいる人も少なくない。

だいたい、若ければ妊娠できるというものでもないのだ。二〇代でもできない人はできない。現実に、フィンレージの会の発足した一九九一年当時、子どもができないという悩みを抱えて集まったメンバーの多くは二〇代もしくは三〇代に入ったばかりであった。私自身、二三歳で結婚し、二五歳には避妊をやめて子づくりモードに入ったが、結局閉経まで一度も妊娠を経験したことはない。

フィンレージの会は、長年、教育の中で不妊という問題があることを教えてほしいと訴えてきた。それは「世の中には望んでも子どもができない人もいること」「月経があれば妊娠できるというものではないこと」「子どもがいない・もたない人生もあること」「産んで一人前という価値観に対して、そうではないというメッセージを出してほしいこと」「子どもがいてもいなくても抑圧されない社会を目指してほしいこと」などである。

しかし副教材にそうした視点は微塵も感じられない。むしろ不妊、つまり「子どものできないこと」「子どものいない人生」を問題視することにより、子どもをもつほうが「幸せ」なのだと印象操作しているようにも思う。

「ふたりとも二〇代だから大丈夫！」と意気揚々と子づくりを開始したカップルが不妊のこともありうるのだ。不妊原因は男にも女にもある。治療をしても子どもができないこともある。不妊の可能性を思ってもみなかったときのショックはよりいっそう大きいのではないか。

私自身も、結婚すれば子どもができるのは「あたりまえ」と思っていた。だから、不妊に直面したときの衝撃・苦悩は大きかった。それは、不妊によって思い描いていた人生プランが崩れる、失われるという苦しみであった（ただし、子どもがいない人生を「不幸」だと思っていたからではない）。

高校生ともなれば、自分が将来、望んでも子どもをもつことはかなわない身体状態、健康状態にあることを知っている子もいる。不妊や子どものいない人生を「あってはならないこと」「避けるべきこと」とメッセージするのではなく、むしろ子どものいない人生・子をもたない人生もまた限りなく豊かであることを、未来ある高校生には伝えてほしいと切に願う。

6　子どもは幸せの必須アイテム？

さて、副教材を読み、テレビショッピング以外にもう一つ、私が思い浮かべていたことがある。それは、のどから手が出るほど子どもが欲しくて、精子提供や卵子提供、代理出産を選ぼうとする人々の思い詰めた表情だ。

不妊治療を長く続けていると、いつしか妊娠・出産あるいは子どもが、自分の幸せや自分の望んでいた人生などといった「目的」を達成するための「手段」になることがある。「何が何でも子どもが欲しい」「子どもがいればすべて解決する」「子どもができれば人生バラ色になる」などの思いだ。

こうした思いを「煩悩」と言ったのは、精子に問題ありとされた一人の男性だ（彼は妻帯している僧侶だった）。「子どもが欲しい」「愛する人との子が欲しい」といった感情・願いが、いつの間にか煩悩、欲望、さらには執着とも言えるような強烈なとらわれになるということだろう。一〇年以上の不妊治療―体外受精を繰り返し、「ここまできたら意地」と言った友人もいた。

とりあえず、国が子どもは「生きがい・喜び・希望」だとアピールすればするほど、不妊の人の子どもを得られないという苦悩、そして欲求は増す、と言っておきたい。

同時に、不妊産業、生殖ビジネスも拡大していく。(6)とりわけ、精子や卵子の提供を受けての妊娠出産、代理出産市場の拡大が加速していくだろう。なぜなら、こうした第三者の関わる生殖技術、中でも代理出産を積極的に認めるべきであるとする人たちがよく持ち出してくるのが憲法一三条の幸福追求権であり、その根底には「子どもをもつこと（こそ）が幸せ」という強固な認識があるからだ（こうした人には不妊＝不幸と思われている）。代表的なのが次のような主張である。

「誰でも子どもを持つ権利、生殖の権利があります。子宮がない不妊症の人にも当然、子どもを持つ幸せを求める権利があります。幸福追求権は憲法で保障されている基本的人権なのに、子宮がない不妊症の人からは、その権利が剥奪されているんです。」[7]（傍点筆者）

二〇一四年には自民党がプロジェクトチームを立ち上げて、第三者の関わる生殖技術の法案作りに乗り出した。同チームの案は精子や卵子の提供はもちろん、代理出産も限定的ではあるが容認しようというものである。

子どもをもつことが幸せであり、生きがい・喜びであると国が喧伝するのであれば、こうした第三者の関わる生殖技術の利用を保障することもまた国の義務になりかねない。あるいは、生殖ビジネスで利を得ようとする勢力の、格好の口実になりかねない[8]。

第三者の関わる生殖技術の問題に長く取り組んできた長沖暁子はこう書く。

「子どもを得る幸せ」という誰もが異議を申し立てにくい言葉で、親の望みだけが何度も繰り返し伝えられ、産まれた子どもや提供者や提供者の家族の幸せには目が向けられません（非配偶者間人工授精で生まれた人の自助グループ、長沖暁子、二〇一四）。

国が子産み・子育てに「幸せ」「生きがい」等の単語を付与するのは避けるべきと私が考えるのは、これも理由である。まして若い世代に、教育を通じ、子どもを幸せの条件、幸せになるための必須アイテムのように売り込むのは間違っていると思う。

二〇〇三年には少子化社会対策基本法が成立したが、私はこの法案名を聞いたとき、「少ない子どもをどう大事に育てるかという法律」だと思った。しかしそれは「いかに人口減少をくい止めるか」「いかに（女に）産ませるか」の法律だった。

副教材の伝える「子ども＝幸せ・生きがい」言説も、結局は大人側の視点に過ぎないのではないか。肝心の、いま生まれ、育っている子どもたち自身の捉える生きがい・喜び・希望はなおざりにされている気がしてならない。

【注】

（1）「保健副教材　また不適切　一部回答を誇張するグラフ」毎日新聞　二〇一五年九月二五日　東京朝刊、「高校保健の副読本でまた訂正　子ども持つ喜びを強調」共同通信47ＮＥＷＳ　二〇一五年九月二八日配信

（2）「保健副教材　不適切グラフ、厚労白書から転載　注釈誤植もそのまま」毎日新聞　二〇一五年九月二六日　東京朝刊

（3）これは筆者への田中重人からの二〇一六年八月二八日付私信による。このグラフに関する田中のツ

イートも参照。https://twitter.com/twremcat/status/647936794340659200

（4） 選択肢に「子ども＝自然・生活が豊か」を用いたものには三菱総研調査（二〇一三）のほか「少子化社会に関する国際意識調査」（内閣府、二〇一六）などがある。その他、自治体による調査も行なわれている。

（5） 女優の山口智子が「血の結びつきを全く信用していない。私はずっと、『親』というものになりたくないと思って育ちました」等の発言をして話題になったのは記憶に新しい。「山口智子が今の心情をすべて告白／ＦＲａＵ」講談社・女性誌ネット 二〇一六年二月一八日 http://www.joseishi.net/2016/02/18/604/

（6）「卵子の老化」をキーワードに妊娠を先送りするための卵子凍結（とその市場）が登場しているのは第四章で柘植が指摘する通りである。

（7） 根津八紘、二〇〇一。巻末に収載された座談会「子を持つ権利と医療の倫理」（出席者は根津八紘、星野一正、飯塚理八、司会は岩上安身）における星野一正の発言。米国で代理母を利用した向井亜紀夫婦も、裁判において、品川区が出生届を受理せず向井夫婦を親と認めないのは幸福追求権を定める憲法一三条後段に違反すると主張した。

（8） 代理母あっせん業者の中には、幸福追求権を盾に代理出産の正当性をアピールする業者がいる。

第4章 「卵子の老化」騒ぎと選択——考えるために必要な情報を…柘植あづみ

1　婚活・妊活・卵活

「婚活」（結婚するための活動）、「妊活」（妊娠するための活動）という単語をメディアでよく見かけるようになった。最近ではこれに「卵活」（らんかつ）が加わった。卵活とは、将来は子どもを持ちたいけれども、いろいろな理由からまだ妊娠・出産できないという女性が、自分の若いうちの卵子を凍結保存しておくことを指す。(1) そうすることで年齢が高くなった後に体外受精で妊娠できる可能性が少しは高くなる、とされる。「卵子凍結保存　米フェイスブックと米アップル、従業員に補助制度」（毎日新聞二〇一四年一〇月一五日東京版夕刊）という報道があった。フェイスブック社が福利厚生の一環として、女性従業員の将来の妊娠に備えた卵子凍結保存と、不妊治療への費用補助をはじめたという。記事には「米IT大手の間では人材の獲得競争が激しく、補助制度の導入で有能な女性にアピールする狙いがある」とある。しかし、米国のフェイスブック社とアップル社が女性社員に卵子凍結に助成金を出すことについては「女性の生殖の自己決定を促すわけではない」(Mertes, 2015) と指摘した論文が発表されている。(2) 企業のために妊娠・出産を延期しなければならない状況に追いやられるなら、それは支援ではないだろう。

日本生殖医学会もやはり同じ年に、健康な女性が将来に妊娠・出産する可能性を残すための卵子や卵巣の凍結保存を認めた。ただし「未受精卵子あるいは卵巣組織の凍結・保存の実施を推奨するものではない。……未受精卵子あるいは卵巣組織の凍結・保存とそれによる妊娠・分娩時期の先送りを推奨するものでもない」（日本生殖医学会、二〇一三）と書かれ、消極的な様子がうかがえる。それでも千葉県浦安市は順天堂大学医学部付属浦安病院との共同研究として、二〇一五年から少子化対策としての卵活支援をはじめた。二〇～三四歳の女性を対象に、約百万円かかる卵子の凍結保存費用を三割程度で受けられるように市が費用負担する。「松崎秀樹市長は、少子化対策としては『それなりの成果で有効だった』と話した。一方で、一〇〇%妊娠を保証するものではないだけに、出産適齢期を知ることの重要性も改めて強調していた」（朝日新聞二〇一六年六月一七日東京版朝刊）と報道されている。

卵子の凍結保存には、ホルモン薬を何日も投与して卵巣を刺激し、針を刺して卵子を体外に取り出す必要がある。からだへの負担も小さくないし、時間や費用もかさむ。さらに凍結卵子の保管料、妊娠・出産しようとする際の体外受精費用は別に必要だ。なにより、子どもを一緒に育てようというパートナーがあらわれ、保存してあった卵子を体外受精して子宮に移植できたとしても、子どもを得られる「成功率」は高くない。女性の年齢が上がれば、もともと高くはない体外受精の妊娠率はさらに下がり、流産・死産の確率や出産時の危険性も高まる。にもかかわらず、なぜ卵活が注目されるのか。

そこには、さまざまな理由で妊娠・出産を先延ばしする（せざるをえない）女性の不安につけこむ医療とその関連産業、それを興味本位ではやしたてるメディア、そして女性が「適齢期」に妊娠・出産するのを促す政治勢力の動きを見る必要がある。そこでこの章では、「卵子の老化[3]」をめぐる政治や医療界、マスコミの動きをみながら、女性やカップルが子どもをもつことについて自分で考え、納得のいく選択をするには、どんな情報が必要なのかを考えていく。

2　不妊で悩む人が増加している？

少子化には複数の要因があげられるが、そのひとつに不妊の人やカップルが増加しているためという説がある。不妊の原因はいろいろある。一般的には、ストレスと長時間労働などによる不妊あるいはセックスレス、子宮内膜症や子宮筋腫などの女性の疾患やホルモン分泌のトラブル、男性の精索静脈瘤や精子形成にかかわるホルモン分泌のトラブル、性感染症、妊娠しようとする年齢の上昇などがあげられてきた。

不妊対策として、一九九六年に厚生省（当時）は都道府県が実施する不妊専門相談事業を立ち上げた。これは、カイロでの国際人口・開発会議（一九九四年）や北京での世界女性会議（一九九五年）にてうたわれたリプロダクティブ・ヘルス／ライツ[4]の理念を取り入れた「生涯を通じた女性の健康支援事業」の一環としてはじまった。不妊治療をする／しないを選ぶのは女性・カップルだとした上で、不妊相談を行うという位置づけだった。ところがこの流れは「少子化社会対策基本法」（二〇〇三年施行）によって変わった（第八章参照）。

「少子化社会対策基本法」の前文には「もとより、結婚や出産は個人の決定に基づくものではあるが、こうした事態に直面して、家庭や子育てに夢を持ち、かつ、次代の社会を担う子どもを安心して生み、育てることができる環境を整備し」とある。少子化という事態において「結婚や出産は個人の決定に基づく」なんて悠長なことは言ってられない、と読める。ここで不妊専門相談は少子化対策の一環に取り込まれ、二〇〇四年には体外受精など高額な不妊治療への費用補助（特定不妊治療費補助）事業を加え、体外受精の実施を支援するようになった。少しでも成果を上げたい行政の思惑が透けて見えるようだ（柘植、二〇一六）。

ところがその後も少子化傾向は止まらない。そこで新たに標的にされたのが、年齢が比較的若い女性である。彼女たちに、若いうちに産んでおかないと不妊になる、出産もハイリスクになるという恐れや不安を植えつけ、早いうちに結婚して出産するように奨める。そんな広報戦略が始まったのである。文部科学省『健康な生活を送るために（平成二七年度版）』（以下、高校保健・副教材、または副教材）に不妊の項目が初めて加えられたのだ。

高校保健・副教材の「19　安心して子供を産み育てられる社会に向けて」にある「不妊で悩む人が増加している」という項目では、「体外受精など不妊治療数（年別）」のグラフがしめされ、「わが国では、近年、不妊治療数が増加しています。体外受精などの不妊治療数は二〇〇七年から二〇一二年の五年間で約二倍となっています」と説明されている。ところが「不妊で悩む人が増加している」統計は、この教材のどこにもしめされていない。出典とされる日本産科婦人科学会が公表した元の資料を確認すると、このグラフの縦軸の単位は「不妊で悩む人」の数ではなく、不妊治療をしている人の数でもない。不妊治療の一部である体外受精と顕微授精[5]、凍結保存しておいた胚をとかして子宮に

図4－1：副教材「不妊で悩む人が増加している」
に掲載されたグラフ

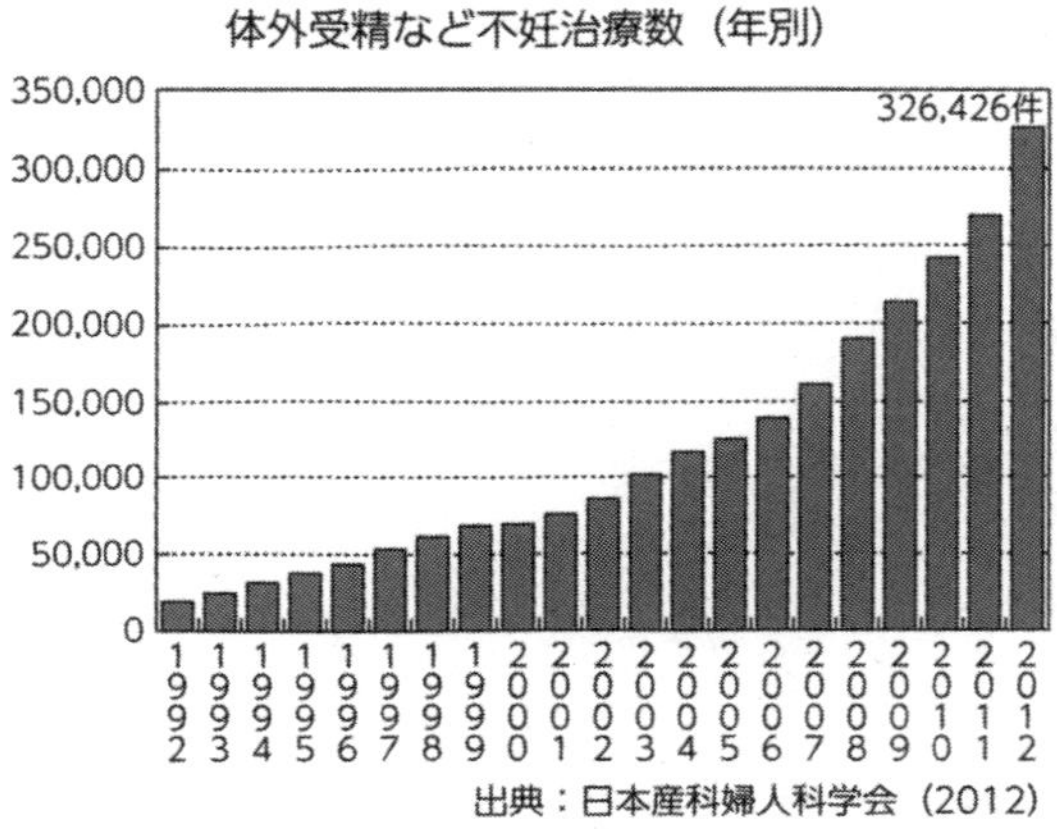

生殖可能な年齢の男女が妊娠を希望し、避妊することなく性生活を行っているにもかかわらず、１年以上妊娠しない状態を「不妊」といいます。

移植した胚移植[6]の一年間の合計件数である。つまり、同じ人が一年以内に「体外受精」と「胚移植」、「顕微授精」と「胚移植」のように組み合わせて繰り返し受ける、のべ件数だ。

この体外受精や顕微授精、胚移植の一年間の実施件数を、女性の年齢別に集計した資料を見ると、もっとも件数が多いのは三九歳から四一歳だった（日本産科婦人科学会、二〇一二）。体外受精等の成功率[7]は、三九歳で約一〇パーセント、四〇歳で約八パーセント、四一歳では五～六パーセントになる。成功率が低ければ、繰り返し受ける回数が増えるだろう。つまり、このグラフにしめされた一年間の実施件数は、受けた人の数よりもずっと多いことになる。

さらに、二〇一二年に体外受精等を一年間

にもっとも多く受けていた三九歳から四一歳は、第二次ベビーブーム世代（一九七一年―七四年生まれ）の後半にあたり、一年間に二百万人以上が生まれていた。[8] つまり母集団の人口が多いことも影響している。

それ以上に治療費の助成制度の影響が大きいと推察する。二〇〇四年度に始まった「特定不妊治療費助成制度」は、体外受精などの高度な不妊治療を指す「生殖補助医療」の高額な治療費の一部を助成する制度だ。二〇〇四年度の助成のべ件数は約一万八千件だったが、二〇一二年度には約一三万五千件にまで増加している（厚生労働省、二〇一三a）。

日本の体外受精を実施している医療施設数は世界で一、二位を争っている。当然、「顧客」の獲得競争は激しくなる。その結果、体外受精を受ける人が増える、という見方もできる。

つまり副教材では、誤ったデータ解釈を基に「不妊で悩む人が増加している」という見出しを付けて、「結婚をして自分たちが不妊かな、と思ったときは男女ともに産婦人科を受診し、検査治療をすることが大切です」と高校生に喧伝していたのである。そして、不妊になることは避けるべき事態であるという前提によって、不妊の人たちへの偏見を助長しているのである。

3　「妊娠・出産の適齢期」をめぐる議論

二〇一三年には政府の「少子化危機突破タスクフォース」によって「生命（いのち）と女性の手帳

（仮称）」の作成・配布が提案された（第七章、第八章参照）。いわゆる「女性手帳」である。これは女性たちの強い反対によって実施されなかったが、それで終わったわけではなかった。

二〇一五年に閣議決定された少子化社会対策大綱には「学校教育段階において、妊娠・出産等に関する医学的・科学的に正しい知識を適切な教材に盛り込む」という文章が入っている。それが加えられた経緯について調べてみると、「新たな少子化社会対策大綱策定のための検討会[9]」の第三回（二〇一四年一二月一二日）の議事録に、産婦人科医である齊藤英和委員のつぎのような発言がある（内閣府、二〇一四）。

私は不妊治療を専門に行っているわけなのですが、最近、不妊に来られる患者さんが高齢化している。これはかなり危機だと感じ、いろいろな情報発信をしてきました。……その一つの方法として教育がかなり重要であることを、最近すごく認識しております。なぜそのことを認識するのかというと日本は妊娠にかかわる知識がかなり低い国であることがわかりました。……妊娠・出産・育児に適した時期は二〇代である。これをきちんと教えていくことが大切です。人は男女とも加齢に伴い妊娠する能力が減弱する。そして妊娠中や分娩中のリスク、出生時のリスクが増加する。また、育児は体力が必要で、若い時期が適齢であることも教育内容に入れていただきたいと思います[10]。

その後、二〇一五年には、日本産科婦人科学会、日本産婦人科医会、日本生殖医学会などの産婦人科医を中心とした九団体が共同で「学校教育における健康教育の改善に関する要望書」を政府に提出した（序章参照）。

この後すぐ、三月一九日に齊藤委員の発言や九団体の要望書に沿った「少子化社会対策大綱の策定に向けた提言」がだされ、翌日に少子化社会対策大綱が閣議決定された。その数ヶ月後には新たに「少子化社会対策大綱の具体化に向けた結婚・子育て支援の重点的取組に関する検討会」が設けられている。その第一回（二〇一五年六月二三日）での安藏伸治委員の発言に注目しておきたい（内閣府、二〇一五b）。

少子化社会対策大綱を検討する会議で齊藤委員と私がずっと言っていた、若い人たちが早く結婚できるように、つまり二〇代の後半で結婚できるような社会づくりをしないと、もうこの回復はほとんどできなくなってしまいます。結婚が遅くなって妊娠しにくくなってしまう年齢になる社会になってはいけないのではないかというのが、この数字を見ると予測できるかと思います。[11]

このように、子育てサポートや女性と男性双方の育児休業制度を整備することなどに重点を置いた少子化対策から、二〇代のうちに結婚し、妊娠・出産することを推奨し、不妊を忌避する「妊娠・出産の適齢期」の教育に重点を置く少子化対策へと舵が切られた。これは、個人の結婚・妊娠・出産の選択への政府からの干渉である。その結果が二〇一五年八月に発行された高校保健・副教材の妊娠・出産をめぐる記述へとつながるのである。

4 「卵子の老化」騒ぎとその検証

すでに述べたように少子化社会対策に関する会議の委員から、「日本は妊娠にかかわる知識がかなり低い国である」という発言がなされた。いったいこの根拠は何か。

それは二〇〇九年から二〇一〇年にかけてイギリスのボイバンらが実施した妊娠・出産知識についての「スターティング・ファミリーズ国際調査」(Boivin et al., 2010)を指す。ただし、この調査方法と結果の解釈については、重大な問題があることが指摘されている(第六章を参照)。

この国際調査の結果はNHKが二〇一二年に放送した「クローズアップ現代」の二月一四日「産みたいのに産めない~卵子老化の衝撃~」と、六月二三日「NHKスペシャル」で紹介された。二つの番組の内容をまとめると、次のようになる。

不妊治療を始める女性の平均年齢が上がり、原因となる病気がないのに体外受精をしても妊娠できない人が増えている。その原因は「卵子の老化」にある。卵子は胎児のうちにつくられ、年齢とともにその数は急激に減り、質も低下するために妊娠・出産が難しくなる。ところが、一般の人は体外受精をすれば年齢が高くても子どもが得られるという間違った知識をもっている。ボイバン教授らによる国際調査では日本は先進国のなかでも妊娠・出産の知識が低いとされている。ＮＨＫによる取材では女性は不妊について他の人に話せず、男性は不妊の検査・治療に積極的ではない、という結果がでている。そのために、卵子が老化すること、子どもが欲しいなら早めに産む選択をする必要があることを知らせなければならない(12)。

この番組は大きな反響を呼び、「卵子の老化」という表現と日本人の妊娠・出産に関する知識が低いことがマスメディアで頻繁に取り上げられるようになった。

そこで「卵子の老化」騒ぎを検証しておきたい。

国立国会図書館サーチ（http://iss.ndl.go.jp/　二〇一六年四月九日最終閲覧）から、国内で出版された図書と雑誌のタイトルかキーワードに「卵子」と「老化」の双方を含む図書・雑誌記事を検索し表4-1と4-2にまとめた。

図書では『産みたいのに産めない――Untold Stories Of Infertility　卵子老化の衝撃』（ＮＨＫ取材班、二〇一三）、『卵子老化の真実』（河合、二〇一三）、『赤ちゃん学――受精卵から幼児にいたる劇的変化　卵子の老化現象・出生前診断・予防接種』（ニュートンプレス、二〇一四）の三冊が検索されただけだった。ただし、タイトルではなく内容に「卵子の老化」を含む図書は、筆者が確認しただけでも、これ以外に四冊あった（表4-1参照）。

一般雑誌では、ＮＨＫスペシャルの放送から二〇一五年までに「卵子の老化」に関する一一本の記事が検索された（表4-2参照）。

表4－1　卵子の老化が主なテーマになっている書籍

書籍名	著者	出版社
卵子老化の真実	河合蘭	文藝春秋（文春新書）、二〇一三
産みたいのに産めない=Untold Stories Of Infertility：卵子老化の衝撃	NHK取材班編	文藝春秋、二〇一三
誰も教えてくれなかった卵子の話	杉本公平、鴨下桂子	集英社、二〇一四
間違いだらけの高齢出産	吉村泰典	新潮社、二〇一三
私、いつまで産めますか？　卵子のプロと考えるウミドキと凍結保存	香川則子[13]	WAVE出版、二〇一四
赤ちゃん学：受精卵から幼児にいたる劇的変化卵子の老化現象・出生前診断・予防接種	ニュートンプレス	ニュートンプレス（ニュートンムック）、二〇一四
i-wish…ママになりたい　女性のカラダと卵子の話（特集　卵子の質と受精）	不妊治療情報センター	丸善出版、二〇一四

表4－2　タイトルに卵子の老化が含まれる一般雑紙の記事（二〇一二～二〇一五）

記事	執筆者	掲載誌
女性の卵子はますます老化、男性は無精子症発症、生まれてくる子どもはダウン症の可能性が急上昇「不妊大国」ニッポンの真実	週刊現代編集部	『週刊現代』54(27)(通号二六七三)、一七四－一七七頁、二〇一二年七月
女性から見た不妊問題妊活に励むアラフォー世代「卵子老化」と戦う現実は？（特集不妊の原因、その半分は男性みんな不妊に悩んでる　今や不妊は国民病です）	新村直子	『週刊東洋経済』（六四〇四）、五六－五九頁、二〇一二年七月

30代独身女性三〇〇人調査「卵子老化」の不安と現実	石井悦子	『アエラ』25(37)(通号一三五七)、二六‐二九頁、二〇一二年九月
卵子の老化とは、何か?:加齢とともに、卵子の中ではエネルギーを生む能力が落ちていく	ニュートン編集部(協力 齊藤隆和、佐藤英明、森崇英)	『ニュートン』32(11)、一〇六‐一一一頁、二〇一二年一〇月
「卵子老化」日本女性の悲鳴が聞こえる	天川恵美子	『文芸春秋』91(8)、二七〇‐二七七頁、二〇一三年七月
女性晩婚、非婚時代の出産願望卵子老化前に独身で「卵活」	木村恵子	『アエラ』26(33)(通号一四〇八)、一〇‐一五頁、二〇一三年八月
晩産時代に生きる女性を支える『卵子老化の真実』を書いて(特集高齢妊娠・出産を支える)	河合蘭	『助産雑誌』67(9)、七三三‐七三七頁、二〇一三年九月
ルポ・生殖医療の現場から見たエイジング〝精子の老化〟も明るみに「卵子は老化する」は、なぜ女性たちに衝撃を与えたのか	中山あゆみ	『婦人公論』98(3)(通号一三六六)、一三二‐一三五頁、二〇一三年一月
「卵子の老化」を突きつけられた女性たちのいま	道丸摩耶	『正論』五〇二、二六〇‐二六七頁、二〇一三年一一月
「卵子凍結」「精子老化」「妊娠力テスト」……妊活情報を体系立てて解説します30代からの産めるココロとカラダ(特集LIFE)	浦上藍子	『プレジデント』52(28)(通号別冊)一〇〇‐一〇七頁、二〇一四年一二月
母親の高齢化卵子凍結で将来に備える〝出産先送り〟に賛否(老化する精子と卵子)	花谷美枝	『エコノミスト』93(21)(通号四三九八)、七八‐八〇頁、二〇一五年五月
父親の高齢化増える遺伝子突然変異子の精神疾患リスクが上昇(老化する精子と卵子)	天野馨南子	『エコノミスト』93(21)(通号四三九八)、七六‐七八頁、二〇一五年五月

インターネットでは、たとえばグーグルで「卵子」と「老化」の両方のキーワードを含むサイトを検索すると、約四十四万七千件がヒットした（二〇一六年四月一〇日検索）。そのなかには不妊治療クリニックのサイトが多くあった。

医学論文は「医中誌」（医学中央雑誌）Ｗｅｂデータベース[14]でキーワード検索したところ、「卵子の老化」はなく、「卵子老化」では六件（すべてが二〇一三年以降の論文）、「老化卵子」では一六件（すべてが二〇〇二年以降の論文）が検索できた。そこで「卵または卵子」と「老化」のどちらも含んでいる論文を検索したら一九七七年以降に一二四件が見つかった。さらに「卵または卵子」と「老化または加齢」のどちらも含んでいる論文は一九七六年以降に三四一件の論文が見つかった。

これらの医学論文のタイトルと要約をみると、卵子の加齢（老化）現象とそのメカニズム解明という研究テーマは、マウスなどの実験動物と人（ヒト）のどちらでも一九七〇年代から見られ、それ以降も継続されていた。一九八〇年代、一九九〇年代には、受精卵（胚）や卵子（未受精卵）の体外受精と凍結保存についての研究が新たに加わる。二〇〇〇年代から二〇一〇年代には、加齢による卵子の変化と受精や妊娠のメカニズムについての研究、さらにマウスなどでの卵子の老化の防止についての研究が見られるようになる。[15]

二〇一二年以降は医学雑誌にもテレビの影響が見てとれる。『臨床婦人科産科』六九巻八号では二〇一五年に【体外受精治療の行方　問題点と将来展望】という特集を組み、そこに「卵子老化」の論文（高井、二〇一五）が載っている。医療者向けの雑誌『Ｗｈｉｔｅ』は【女性のウェルエイジングとアンチエイジング】特集をし、そこに「卵子の老化」（五十嵐他、二〇一五）という解説論文が掲載されている。また『思春期学』の特集【産む性を育む思春期の教育】には「卵子の老化と妊娠適齢期」（齊藤・齊藤、二〇一三）という解説論文が載っている。

不妊治療に携わる産婦人科医にとって卵子の老化は長期にわたって克服すべき課題だったようである。そして「卵子の老化」を技術の進歩で補おうという努力がされてきた。

不妊治療をしている女性たちが医療技術を過大評価し、年齢が高くとも体外受精などの技術を使えば子どもが得られると考えているとすれば、産婦人科医が女性たちに、出産年齢があがると体外受精をしても子どもを得られる確率が低くなり、体外受精の回数を重ねても子どもができるわけではないことを伝えていないことも原因にある。それは産婦人科医自身が「卵子の老化」を技術の進歩で補えるという期待を抱いてきたことにも一因があるのではないだろうか。

不妊の原因は年齢だけではない。年齢が若くても妊娠できない場合はあるし、年齢が高くなっても自然妊娠・出産することはある（たとえば河合、二〇一三）。生殖をめぐる個人差は大きく、医学知識がしめす標準モデルには例外が少なくないことも付け加えておきたい。

5　年をとって子どもができないのは病気なのか

厚生省（厚生労働省）は二〇〇三年四月に「精子・卵子・胚の提供等による生殖補助医療制度の整

備に関する報告書」（厚生科学審議会生殖補助医療部会、二〇〇三）を公表した。これは、体外受精などの生殖補助医療を規制する法律や指針がないままに、国内でも提供精子を用いた人工授精が約七〇年行なわれ、国内外で提供精子や提供卵子を用いた体外受精が実施され、さらには代理出産によって子どもを得る人たちがいることを踏まえて、法律策定のために審議した結果をまとめたものである。結局は生殖補助医療に関する法律はつくられなかったが、当時の議論の様子が把握できる貴重な資料である。この報告書には、年齢が高くなって妊娠できない夫婦が他人から精子・卵子・胚を提供してもらい、生殖補助医療によって子どもをもつことについて次のように記されている。

加齢により妊娠できない夫婦については、その妊娠できない理由が不妊症によるものでないということのほかに、高齢出産に伴う危険性や子どもの養育の問題などが生じることが考えられるため、精子・卵子・胚の提供等による生殖補助医療の対象とはしないこととする。

「加齢により妊娠できない」ことの判定については、医師が専門的見地より行うべきものであることから、医師の裁量とする。ただし、実施に当たって医師が考慮すべき基準を国が法律に基づく指針として示すこととし、具体的には、自然閉経の平均年齢である五〇歳ぐらいを目安とすることとし、それを超えて妊娠できない場合には、「加齢により妊娠できない」とみなすこととする。

（厚生科学審議会生殖補助医療部会　二〇〇三）

つまり、年齢が高いことによって子どもを得られないのは不妊症ではないため、他人から提供された精子や卵子を用いた生殖補助医療を利用できない、と書かれていた。当時、すでに海外では、年齢によって子どもを得られなくなった人たちが、他人から提供された卵子あるいは精子を用いて体外受精を受け、子どもを得る事例が少なくなかった。また、「加齢により妊娠できない」ことの判定は「自然閉経の平均年齢である五〇歳ぐらい」が目安にされている。

ところが、二〇一五年に自民党のプロジェクトチームが提案した「特定生殖補助医療法案」では、「加齢により妊娠できない」人たちが他人からの提供卵子によって体外受精などをして子どもを得るのを「無償提供」に限って認めている。

少子化対策の必要性を喧伝し、年をとることによって子どもができなくなる現象を不妊症という病気とみなし、他人を巻き込む生殖補助医療を利用することへの可能性を拡大しようとしたのである。その背景には産婦人科医をめぐるさまざまな状況が影響している。少子化によって出産件数が減少し、過疎地域では産婦人科医の需要が減っている。その一方で出産とその前後の時期には、医療訴訟が生じやすいとされる。妊産婦と新生児の双方が医療事故の対象になる可能性があり、また出産は安全なのが当然、という認識が一般にあるためだという。それに伴って出産に対応する産婦人科医を希望する医学生が減っている。逆に、出産はあつかわないが不妊治療はする産婦人科の医療施設が増えている。結果として、出産を担う産婦人科医の勤務時間が長くなり、医師や助産師の数が十分でないことによって、出産できる場所の減少に拍車がかかり、悪循環が生じている。少子化対策を重視するなら、妊娠・出産をめぐる医療の質と量の改善が必要だと思われるが、その具体的な施策が見えてこない。

もちろん産婦人科医のなかにも、リプロダクティブ・ヘルス／ライツを尊重し、女性の選択を重視する視点をもつ人もいるだろう。たとえば、「もちろん、女性に生まれたからといって、結婚をして、子どもを産むことが幸せとは限りませんし、いろいろな生き方があっていいと思います。産む人生も、産まない人生も、等しく価値ある生き方です。しかし、正しい知識を知らないで〝産めない〟のと、知ったうえで〝産まない〟のは、全く異なることなのです。」（杉本、鴨下、二〇一四、五頁）と記されている書籍もある。けれども、少子化社会対策の議論や、高校・保健副教材の記述には「いろいろな生き方があっていい」「産む人生も、産まない人生も、等しく価値ある生き方」だというメッセージは含まれていなかった。

「卵子の老化」に関する情報は、それが少子化対策という政治性をおびているために、単に「事実」を伝えるにはとどまらず、若いうちに産むことを推奨していると受け取れる内容になっている。その結果、いまはまだ産めない女性を焦らせ、その効果に疑問が呈されている「卵活」という現象さえも生み出した。多様な生き方を認める、産まない人、産めない人、産んだ人すべてを尊重する社会を築き、そして社会経済的な状況によって産みたいのに産めないという状況を解消するような努力がなされるべきである。言うまでもないが、産みたくない人に産ませるというのは論外だ。

6　高校生に伝えるべき情報とは

出産を具体的に考えていない高校生に、生殖についての知識を伝えるのは難しい。副教材に掲載されていた情報のように、早く産まないと不妊になったり、出産の危険性が高まったり、子どもに染色体異常が生じる確率が高まるといった脅しのような情報を強調するのは、人を差別と偏見と不安の渦に投げ込み、さらに差別と偏見と不安を強めるようなものである。誰もが不妊という状態に直面するかもしれず、出産が順調に行かないかもしれない。子どもになんらかの障がいが生じるかもしれず、子どもをもたない／もてない人生になるかもしれない。

では、高校生に必要な情報や知識とは何か。からだの変化とその機能、性と生殖に関する病気や不調を予防したり早く対処できる知識、性行為と妊娠や出産、避妊や人工妊娠中絶についての知識、そして自分がもっと詳細な情報を必要とするときにどこに問い合わせればよいのかの情報であろう。

いろいろな人たちの経験を聴くこと、聴く場所があることも大切だ。不妊を例にすれば、子どもが欲しくてもできないという状態が誰にでも生じうること、年齢はその要因の一つだが他にも要因はいろいろあること、不妊治療は簡単ではないこと、不妊治療後に子どもをもって育てる経験が楽しいばかりではないこと、子どもが欲しかったができなかった人も幸せを感じながら人生を送っていることなどではないだろうか。

「卵子の老化」騒ぎが「卵活」という新たな技術への依存を生みだしたことは、新たな問題が生じるたびに医療技術に解決を求める現在の医療と人間と社会の関係を象徴している。だからこそ、医療・技術についての知識・情報とともに、医療技術にふりまわされないで自分はどう生きたいのかを考えるために必要な知識と情報を得る力をつけること、それを教育はめざすべきである。

【注】

（1）卵子の凍結保存は、不妊治療の体外受精に使われたり、薬や放射線照射などの病気治療が卵子にダメージを与える可能性があるときに、その治療前に卵子や卵巣を体外に取り出して凍結保存しておき、治療後にそれを体外受精するのに使われている。

（2）「このような企業の施策が女性に（生殖の）自由を与えるとするには、（1）女性自身が卵子凍結技術の利益と危険性と限界について十分に理解していること、（2）その企業の援助を受けるのに何の圧力もないこと、（3）その援助がそれ以外の「家族にやさしい施策」（Family-friendly policies）を妨げず、他の施策と共存すること」の三点が必要だと指摘する (Mertes, 2015)。

（3）「卵子の老化」については生物医学的にメカニズムがわかっておらずいくつかの仮説が出されている。本書の執筆者のひとりである高橋さきのから「老化するのは卵子ではない」と指摘されて調べたところ、たしかに「卵子の老化」という表現は厳密にはおかしいことがわかった。生まれた女の子が思春期になるころに、その卵巣内では卵母細胞（または第一次卵母細胞とも呼ばれる）から卵娘細胞（または第二次卵母細胞とも呼ばれる）が形成される。卵巣の卵胞から排卵されるのは卵娘細胞であり、精子と受精する過程で卵娘細胞から卵子が形成され、そこでやっと精子と卵子の受精が完成して受精卵となる。つまり、女性の卵巣内で老化するのは卵胞に包まれた卵娘細胞であることになる。ただし、生物医学的な説明でも「卵子」が卵娘細胞と卵子を総称して用いられていることが多いため、ここでも「卵子の老化」を用いる。

（4）リプロダクティブ・ヘルス、リプロダクティブ・ライツについては、第七章参照。

（5）顕微授精とは、精子の側に受精できない原因がある場合に、先端が極細のピペットで精子を吸い込み、それを体外に取り出した卵子の細胞質に注入する体外受精の一つの方法である。

（6）体外受精をして複数の受精卵（胚）が得られると凍結保存しておく。すると次は採卵や体外受精をせずにそれを解凍して子宮に移植できるために、女性の身体への負担が少なく、費用も安い。

（7）ここでは体外受精の「成功率」を「生産分娩数【子どもが死産ではなく生きて生まれてきた件数】／治療周期総数」の百分率として計算している。

（8）一九六八年から一九七三年までは出生数は約一パーセントから三パーセントずつ増え、一九七三年から一九八〇年までは約三パーセントから六パーセントずつ減っている。

（9）この検討会は、有村治子内閣府特命担当大臣（少子化対策）が招集した。厚生労働省、文部科学省の担当者が陪席し、吉村泰典（内閣官房参与、産婦人科医）が政府側の出席者として加わっている。座長は佐藤博樹（中央大学大学院戦略経営研究科教授）で、安藏伸治（明治大学政治経済学部教授、日本人口学会理事・前会長）、齊藤英和（国立成育医療研究センター周産期・母性診療センター副センター長、産婦人科医）などが委員だった（肩書きはすべて当時）。

（10） 第三回議事録より。

（11） 第一回議事録より。座長は吉村泰典氏（吉村やすのり生命の環境研究所理事長）。

（12） クローズアップ現代「産みたいのに産めない――卵子老化の衝撃」二〇一二年二月一四日放送。http://www.nhk.or.jp/gendai/articles/3158/index.html 二〇一六年四月六日最終閲覧。NHKスペシャル「産みたいのに産めない――卵子老化の衝撃」二〇一二年六月放映。http://www6.nhk.or.jp/special/detail/index.html?aid=20120623 二〇一六年四月六日最終閲覧。および、NHK取材班編（二〇一三）などを参照した。

（13） 香川則子氏は、未婚の女性などが卵子の老化を防ぐために卵子や卵巣の凍結保存のコーディネートをするリプロセルフバンクの所長である。

（14） 医中誌Ｗｅｂとは特定非営利活動法人の医学中央雑誌刊行会が作成する国内医学論文情報データベースで、医学雑誌をはじめ、学会誌・紀要・研究報告等を、約二九〇〇誌（二〇一一年八月現在）収録している。

（15） 卵子の老化への対処方法として、卵細胞質移植の研究や、「高齢」の女性の卵子の核を、年齢の若い女性の卵子から核を取り除いた除核卵に移植する技術「卵核胞移植ＧＶ」についての研究（たとえば、桑山正成ほか 二〇〇二）なども見られる。二〇一〇年代には卵巣内の卵子の数を推定する指標として

AMHというマーカーに関する論文が現れた（たとえば、浅田義正　二〇一〇、佃笑美ほか　二〇一五）。

第5章 隠蔽される差別と、セクシュアル・マイノリティの名ばかりの可視化

大塚健祐

わたしたちが運営している団体、ＮＰＯ法人レインボー・アクションは、「市井に生きるセクシュアル・マイノリティと友人たちの生活感覚と存在を、社会的に可視化して行く目的[1]」で活動している。わたしたちが今回、声を上げたのは、二〇一五年度版の高校保健・副教材が、この目的に反する内容だったからである。

本章ではこの副教材の、特に「15　知らないと怖い性感染症（以下、性感染症）」の内容を批判的に検討することから始めて、現代の日本国内において、セクシュアル・マイノリティ（以下、性的マイノリティ）がいかなる状況に置かれているかを考察する。以下、

一、「（男性）同性愛者」の不可視化
二、「女性」の周縁化
三、日本的ピンクウォッシング（同性愛者の「人権」を利用して、他者の人権を侵害すること）の現状

の三点に渡って記述する。

雑多な切り口になるが、この三点について、それぞれ公衆衛生、ポスターなどのデザイン（表象）、

社会・政治経済について、人権の視座から検討してみた。

1 「(男性) 同性愛者」の不可視化

日本は、主要先進国としては唯一、エイズ(後天性免疫不全症候群)への多剤併用治療法の導入(一九九六年以降)後も、その患者報告数が急減せず、二〇一三年まで微増傾向を見せていた国である。この現象は、幅広い人たちに、HIV(ヒト免疫不全ウィルス)感染の検査を受ける必要があるという意識が浸透していないため、検査を受ける人の割合が低く、エイズ発症後にやっと感染に気づくケースが飛びぬけて多いことに起因すると考えられている。また、HIV感染者の低年齢化(二〇~三〇代が大半)も問題になっている(木原ほか、二〇一三)。

国際的には、HIV感染を防ぐ「鍵」となるのは、(一)ゲイ男性および他の男性とセックスをする男性、(二)セックスワーカーとその客、(三)トランスジェンダーの人びと、(四)注射薬物使用者の四集団であると考えられている。とくに(一)にゲイ男性だけではなく「他の男性とセックスをする男性」(MSM:Men who have sex with men)という概念が用いられるのは、すべての同性愛者が同性間の性的接触をしているわけではなく、同性間の性的接触をしているすべての者が同性愛者であるわけでもないという理由からである。この理解は重要である。なかでも一五~二四歳の若者には独特のニーズがあり、HIV対策の成功には彼らの参加が必要であることが指摘されている(国連合同エイズ計画（ＵＮＡＩＤＳ）、二〇一五）。また、日本では（四）の注射薬物使用者の感染が少ないことも知られている。これらからいえるのは、日本において若い性的マイノリティに対するアプローチこそが、ＨＩＶ感染者数を低減するための中核的な課題であるということである。

実際のところ、若い性的マイノリティがいかにＨＩＶ感染の危険にさらされているかを間接的に示す統計がある。日本成人男性のＭＳＭ割合を推定した塩野徳史らの研究によれば、男性間の性的接触によるＨＩＶ感染の数はそれ以外の男性のなんと九六倍も高く、エイズ発症数も三三倍に上る（塩野、二〇一二）。しかしながら、このたびの副教材には、コンドームなどを使わない男性同性間の性的接触が、異性間性的接触に比べ飛びぬけて危険であることが一言も書かれていない。

また、二〇一五年度版の高校保健・副教材では、二〇一四年度版にくらべて、エイズやＨＩＶの頁数が五頁から二頁へと大幅に減らされ、性的マイノリティについての情報がすっかり消されている。二〇一四年度版においては、ＨＩＶの感染経路として男性同性間の性的接触が抜きん出て高いことがはっきりと示される感染経路別グラフが掲載されていたし、レッドリボン・キャンペーンやエイズメモリアル・キルトについて写真入りで紹介されており、興味を持って調べれば、これらの運動がゲイ解放運動の歴史につながるものであると、知ることができるようになっていた。

高校保健・副教材は、低年齢者をＨＩＶ／エイズからまもることをも意図して編集されているはずである。それにも関わらず、そこで「鍵」になるはずの、男性間での性的接触を行う集団のＨＩＶ感染のリスクについての情報が完全に消去されているのである。これは男性同性間性的接触に対する無知を放置することによって、そうした指向を持つ高校生を故意に危険にさらす行為であり、ネグレクトである。また、意図的に同性愛という言葉を回避するということは同性愛嫌悪、ホモフォビアと言わざるを得ない。

先述のとおり若いゲイ男性や男性とセックスをする男性は「鍵」集団の一つとして位置づけられている。教材を作製した文部科学省は、男性と性的接触を持つ性的マイノリティのみならず、すべての高校生の健康をまもるためにも、この「(男性)同性愛者の不可視化」を止めるべきだ。近年、文科省は性的マイノリティの児童生徒に対するきめ細かな対応について、教職員の啓発などにようやく動き始めたところである(文部科学省初等中等教育局児童生徒課、二〇一四、二〇一六)。この副教材はこうした流れを逆行させるものであり、大いに反省を求めたい。

2 「女性」の周縁化

二〇一五年度版副教材における「女性の周縁化」は、そこに取り上げられている一枚のポスターから一目瞭然にわかることである。「15 性感染症」(三一頁)には、厚生労働省作製のポスター[2](図5-1)が掲載されている。それは、一人のズボンをはいたグレーの大きなアイコンに、八人のスカートをはいた紅白の小さなアイコンが接続されている図案である。

第一に、九人のアイコンの構成は、ピクトグラム(単純化した視覚記号、いわゆる絵文字)を使用していることにより、ジェンダーの多様性が皆無になっている。一人だけのズボンはさておき、その他八人が、みな同じ長さのスカートを身にまとっているのはまったく現実の社会を反映していない。しかもスカートアイコンはすべて同じ色である。一律の描写であることから、以下、このスカートアイコンについてはカッコつきの「女性」と想定する（実際はスカートをはいた男性かも知れないし、トランスジェンダーかも知れないし、男女という二項対立の性別の押し付けを拒否する人であるかも知れない）。

第二に、中央に配置されているのが男性と思しきグレー（社会人を含意しているだろう）のアイコンであり、それに「接続」されて前後左右に伸びて端部で断ち切られているコードは、血管の血の色をも連想させる赤だ。男性を社会の中心に置き、女性を「自然」「生命」などの「外部」＝周縁と結びつける古典的な男女役割の描写であり、看過できない。

第三に、アイコンのサイズとポーズが女性と男性でまったく違うというのも腹立たしい。男性は両脚を左右に広げて立ち、大きな空間を占有しているのに対し、女性の両脚は並行で幅は狭

図5-1：副教材「15　性感染症」に掲載されたポスター

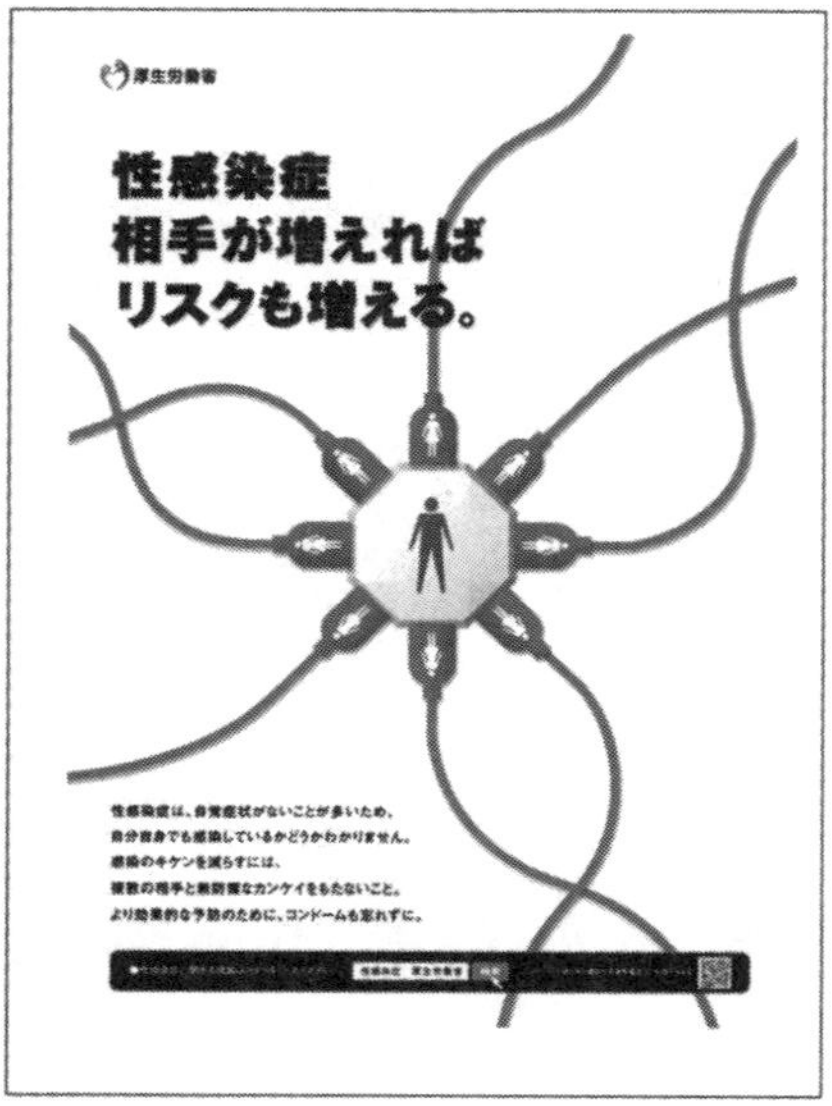

くしている。「男は大きく、女は小さくしていろ」と言わんばかりである。こんなものを高校生向け副教材に掲載した文科省の差別意識には呆れるばかりだ。この図版から連想が可能な、授精時の卵子と精子の位置関係とサイズの関係を逆転してもいる。実際には卵子と精子の見た目のサイズは、卵子の方が三〇〇倍ほども大きい。

第四に、代表的男性は多くの女性と性交するものであり、女性のほとんどは一人の男性とのみ性交するものであるという価値観も表現されている。この図案は女性・男性同性愛者やバイセクシュアルの無視であり、他者と性的な関係を持つことを望まない人々の無視であり、異性愛者の女性と男性の関係を非対称に、いいかえれば対等ではないように描いていることに問題がある。これは性の多様性を無視して、異性愛を規範化する図柄である。

第五に、このデザインは明らかに電源プラグ（電気コードの末端、ピンを備えた部分）とコンセント（差込口、ソケット）の意匠をベースにしており、性的な関係を暗示している。電気関係の分野では通常、ピンを備える側をオス、ソケットを備える側をメスと表現するが、このデザインでは男性がコンセント（ソケット）で女性がプラグ（ピン）に模されるという変換が行われ、ジェンダーが逆転している。これは、性交における身体侵襲の関係を逆に描いており、身体侵襲がもたらす男女の非対称的な諸問題から目を逸らさせるものである。特に性感染症において、男性から女性にもたらされる感染の方がその逆よりもはるかに多く、深刻である現実を鑑みれば、極めて悪質な変換である。

第六にこのポスターには、壁によって守られているかのような一人の男性と、彼をとりまく複数の女性という図案に加えて、「性感染症　相手が増えれば　リスクも増える」とのキャッチコピーが付されている。「相手が増えれば」という相手とは複数の女性たちのことであり、その増えた相手＝女性から感染リスクが男性側にもたらされると、このポスターは主張している。男性＝感染させられる側、女性＝感染させる側、リスク要因という図式である。文字通りというか図案通り、男性中心、女性周縁の発想で、ここでは女性は他者化、モンスター化されている。驚くべき女性嫌悪のポスターといえる。

たった一枚のポスターの中に、よくもこれだけの突っ込みどころを満載できるものだと、むしろ感心する。無意識の差別というものは実に恐ろしい。なお、厚労省が二〇一四年に作製したポスター[3]（図5-2）はこうした批判からはおおむね遠い意匠であり、副教材に用いるなら、それへの変更を薦めたい。

このポスター以外にも副教材のデザイン上における女性差別の問題は多い。副教材に掲載されたイラストを網羅的にチェックしたところ、医

図5-2：厚生労働省　2014年作製のポスター

師など「職業人」として描かれたイラストの一二点は全員男性で、職業人としての女性のイラストは皆無であった。また男女高校生がペアで描かれたイラスト四点では、発言しているのは常に男子生徒で、女子生徒は常に沈黙する側であった。男女の差別的なステレオタイプが強化、強調されていることが分かる。

文科省並びに厚労省は、こうした差別的な女性観を高校生に教育しようとしていると言わざるを得ない。両省は女性の人権を守るため、直ちに性別による偏りのない表現について、数値目標を含めたガイドラインを策定するべきである。

3　日本的ピンクウォッシングの現状

最後の論点は、高校保健・副教材とは直接には関係がない。しかしながら、現に作製されつつあり、今後も作製されるであろう教材を検証していくためには、日本国内において性的マイノリティが置かれている現況（これをわたしは日本的ピンクウォッシングと呼ぶ）は、充分に警戒をしなければならないポイントであると考えている。

＊ピンクウォッシングとは何か

「ピンク」はナチス・ドイツが強制収容所に於いて、男性同性愛者を区別するために使用したことから、逆説的・批評的にゲイ解放運動に採用されたシンボルカラーである。性的マイノリティの運動のシンボルとされるレインボーカラーよりも、歴史的には古い。ナチスは男女の同性愛者やトランスヴェスタイト（異性装者）を病人として扱い、強制収容し、様々に酷使し、多くが生きてそこを出られなかった。

また、「ウォッシング」というのは、「上辺を取り繕う」という意味の英語「ホワイトウォッシング」に由来している。この言葉を転用し、「ホワイト」の部分にピンクを当てはめて、「さも（男性）同性愛者に配慮をしているように装いごまかすこと、上辺だけの欺瞞」を表す言葉が「ピンクウォッシング」だ。

ピンクウォッシングという用語は、イスラエルが「中東で唯一の同性愛に理解がある国家」として世界各国で自国をアピールし、男性ゲイ富裕層の観光などを誘致している政策を批判するために使われ始めた。パレスチナを分断するために「壁」を建設し（この政策はドナルド・トランプ米大統領にもインスピレーションを与えている）、ガザ地区での武力行使をためらわない国家が、その悪印象を塗りつぶすために同性愛者を利用しているという批判である。

イスラエルは、「東京レインボープライド」という日本国内における性的マイノリティのための最大規模のイベント（二〇一二年から毎年代々木公園で開催されている）でも、ブースを出店し、グッズを配布するなどして、イスラエル国家のイメージアップに努めている。イスラエルに利用された形になる「東京レインボープライド」執行部に対しては、批判の声も上がったが、現在に至るまでイスラエルとの関係は変更されておらず、反省の姿は見られない。他人事のように書いたが、わたしも最初にイスラエル大使館が接触してきた二〇一三年当時はまだ、中核スタッフの一人であったはずなので、この動きを止められなかった責任は免れ得ない。

＊同性愛と生殖ビジネスと「産ませる」圧力

イスラエルのゲイ観光政策は、都市の夜遊びに留まらない。ゲイカップルのための代理出産ビジネス、生殖ビジネスでも、イスラエルは世界の最先端を行っていた（しかし最先端を行きすぎたためか、世界から猛批判を受けて現在は方針を転換している）。代理出産には長期・複数回の滞在が期待されるため、観光ビジネス的にも旨味が大きいのである。

もともとイスラエルは、その歴史から人口増加政策をとり続けてきており、そのために生殖技術に重きをおき、「健康な」子どもを産むことを推奨している国である。国民は、より「健康な」子どもを、より多く産み・育てることが国家から要求されている。そのような視点からもゲイカップルへの生殖ビジネスが進んでいる理由を考えることができる。

＊渋谷区「同性パートナーシップ証明」とピンクウォッシング

日本でも近年、同性パートナーシップを公的に認める自治体の登場と並行して、「ゲイのための代理出産と卵子提供」というビジネスが興りはじめている。

東京都渋谷区は「同性パートナーシップ証明」の発行を含む「渋谷区男女平等及び多様性を尊重する社会を推進する条例」をいち早く策定し、注目を集め、「ＬＧＢＴフレンドリー」「多様性」「人権尊重」のイメージを振りまいた。しかし渋谷区はその陰で、宮下公園におけるホームレス排除、同公園のナイキ公園化計画（命名権の売買）や新区庁舎建設にみられるような区民資産の恣意的な運用、反対派住民への情報公開に対する極めて悪質な対応など、新自由主義的かつ閉鎖的な区政を布いていることでも知られている。

条例により実現した「同性パートナーシップ証明」も、実効性のはなはだ怪しい（実際、利用者もわずかである）ものであり、ごく少数の、しかもおおむね区外在住在勤だったＬＧＢＴ関係者との協力によって、強引に「日本初」という旗を掲げたものである。

渋谷区の条例は「多様性」をうたっているが、そこで「多様性」として取り上げられているのは事実上、性的マイノリティのみであって、障害者、外国人、貧困層などの他の「多様な」人々は無視されている。また「男女平等」も同性パートナーシップ証明を導入するためのダシに使われた感がある。これでは本当の意味で「多様性」条例とはいえない。これはピンクウォッシングの一例だといえるのではないか。

そのうえ、渋谷区の同性パートナーシップ証明書の交付を真っ先に受けてメディアでも取り上げられたレズビアンカップルが、生殖技術を用いて子どもを持つことを権利として、「子どものいる家族をつくろう」と、ゲイカップルのための代理出産や卵子提供を勧めている。(4) こうした流れはかつてのイスラエルがたどった経緯と同じである。ＬＧＢＴにも子どもを持つ権利があるという主張は、少子化対策の下で、女性が子どもを産まされることにつながりかねない。

本稿では本題から外れるため詳述はしないが、今や「ＬＧＢＴ」という旗印は、二〇二〇年の東京オリンピック開催とそれに向けての観光立国クールジャパンの国家戦略に利用されつつある。日本の、とりわけ東京の性的マイノリティは今、そんな状態に置かれている。そしてこうした名ばかりの可視化の情況を、わたしは日本的ピンクウォッシングと呼びたい。

以上、簡単ではあるが、現代の日本国内において性的マイノリティや女性が置かれている状況の一側面について、副教材と絡めながら考察してみた。生産的なご批判を頂ければ幸いである。

【注】

（１）レインボー・アクションのブログ　http://rainbowaction.blog.fc2.com/

（２）厚生労働省　二〇一三　ポスター「性感染症　相手が増えればリスクも増える。」http://www.mhlw.go.jp/seisakunitsuite/bunya/kenkou_iryou/kenkou/kekkaku-kansenshou/seikansenshou/dl/poster_kansenshou.pdf

（３）厚生労働省　二〇一四　ポスター「あなたが感染すれば、大切なパトナーにも感染します――性感染症。」http://www.mhlw.go.jp/seisakunitsuite/bunya/kenkou_iryou/kenkou/kekkaku-kansenshou/seikansenshou/dl/poster_2014kansenshou.pdf

（4） 当該レズビアンカップルの運営する会社が二〇一六年一月二九日、都内で「ゲイのための代理出産と卵子提供セミナー〜子どものいる家族をつくろう〜」というイベントを開催（または開催に協力）した。セミナーでは米国の生殖ビジネスの業者らによる代理出産、卵子提供の説明が行われた。http://koyuki-higashi.blog.jp/archives/50798969.html　http://surrogacy-seminar.peatix.com/?lang=ja

第6章　日本人は妊娠・出産の知識レベルが低いのか？
――少子化社会対策大綱の根拠の検討……………………………田中重人

少子化社会対策大綱は二〇一五年三月二〇日に閣議決定された（内閣府、二〇一五ａ）。この大綱は、「きめ細かな少子化対策の推進」として「妊娠や出産などに関する医学的・科学的に正しい知識」を普及させるという課題を掲げている。学校教育については特に「正しい知識を教材に盛り込む」と明記しており、これが文部科学省作成の高校保健・副教材『健康な生活を送るために（平成二七年度版）』に「妊娠のしやすさと年齢」の項目などを入れる根拠となった（序章、第八章参照）。

大綱の数値目標を設定する「別添二」資料によれば、「妊娠・出産に関する医学的・科学的に正しい知識についての理解の割合」が二〇〇九年には三四％であったものを二〇二〇年までに七〇％まで引き上げる、という。「三四％」という数値には注がついている。「二〇〇九年から二〇一〇年にかけてLaura Bunting, Ivan Tsibulsky, and Jacky Boivinが実施した妊娠・出産に関する知識に関する国際調査における日本人の正答率であり、一八歳から五〇歳であって、結婚しているか同棲中であり、半年以上妊娠を希望しているが妊娠していない者（男女）を対象に実施したもの」とあり、さらにこの根拠資料となる論文（Bunting et al. 2013）があがっている。

この「妊娠・出産に関する医学的・科学的に正しい知識についての理解の割合」とはいったい何か。以下、具体的に追究してみよう。

1　スターティング・ファミリーズ調査

「妊娠・出産に関する医学的・科学的に正しい知識」は日本の政治ではいつごろから問題になってきたのか。調べてみると、二〇一二年の国会で、自由民主党の野田聖子議員が質問主意書を出していたことがわかる。

国際的に実施された調査によると、日本人女性のうち「子どもを持つことを望み、十二か月間の性生活によって妊娠しない場合、そのカップルは不妊であると分類されることを理解していた人」は二十八％、「女性は三十六歳を過ぎると受胎能力が落ちると理解していた人」は二十七％、「性感染症が妊娠に悪影響を及ぼすことを理解していた人」は二十六％（スターティング・ファミリーズ国際調査／カーディフ大学・メルクセローノ社）で、日本人の妊娠リテラシーは世界でも最低レベルである。（野田、二〇一二）

この「スターティング・ファミリーズ国際調査」についてさらに探すと、調査をおこなった製薬会社による文書（メルクセローノ、二〇一〇）がインターネット上で公開されていることがわかる。この文書には「調査の共同リーダーであるカーディフ大学心理学部教授のジャッキー・ボイバン先生

(Professor Jacky Boivin of Cardiff School of Psychology, Cardiff University)」とある。この名前は、先に見た少子化社会対策大綱の数値目標資料の注釈があげていた論文の著者名とおなじである。たぶんおなじ調査なのだろう。[1]

さて、右の質問主意書にある「子どもを持つことを望み、十二か月間の性生活によって妊娠しない場合、そのカップルは不妊であると分類される」という設問。これはおかしくないだろうか？　ちょっと知識のある人なら、「あれ、不妊の判定基準ってもっと長くなかったっけ？」と思うところだ。実際、産科婦人科学の当時の標準的な教科書では次のようになっていた。

不妊症とは、「生殖年齢にあるカップルが挙児を希望して性生活を行いながら、二年を経過しても妊娠の成立をみない場合」を指す。（岡井、綾部編、二〇一一、六六頁、強調は引用者）

二年というのは二四か月だから、この教科書にしたがって答えると、間違いだということになってしまう。

この定義は日本産科婦人科学会が用語集等に記載してきたものだが、二〇一五年になって変更されている。

海外の諸機関（WHO, ICMART, ASRM, ESHRE）が infertility の定義を一年の不妊期間によるとしていることから、本会用語集にある不妊（症）の定義の不妊期間について、従来の定義の「二年というのが一般的」を「一年というのが一般的」と変更するのが適当であるとの結論に達しました。〔……〕女性がより早期に適切な不妊治療を受けることにつながると期待されます。（日本産科婦人科学会、二〇一五）

どういう基準で「不妊」（infertility）と判定するかにはいろいろな立場があり、世界共通の「正解」はないのである。日本では、この二〇一五年の決定で、海外の機関の基準にそろえることにしたのだが、それ以前は別の基準を使っていた。「スターティング・ファミリーズ」調査の結果は、国や時代背景によるこのようなちがいを考慮せず、一律の採点基準にあてはめたものではないだろうか。

実際に論文（Bunting et al., 2013）を読んでみよう。最近では、こうした学術雑誌は、ほとんどがインターネットで簡単にみられるようになっている。論文を一本読むだけで何千円もの代金をとられることもあるが、幸い、この論文は誰でも無料で読める、いわゆる「オープンアクセス」である。

この論文のいちばん最後の Appendix（付録）に Cardiff Fertility Knowledge Scale というものが載っている。直訳すると「カーディフ妊孕性《にんようせい》知識尺度」という感じだろうか。全部で一三項目あり、これが、「妊娠や出産などに関する医学的・科学的に正しい知識」を測定した尺度ということのようである。

これを順にみていくと、二番目の項目が次のようになっている。

A couple would be classified as infertile if they did not achieve a pregnancy after **1 year** of regular sexual intercourse (without using contraception).〔強調は引用者〕

これは、「夫婦が避妊せずに定期的に性交をおこなって一年経っても妊娠に至らない場合に不妊と分類される」というような意味である。つまり「一年」が不妊の判定基準だという設問である。そして、この項目に対してはTRUE（正しい）とするのが正解だと説明がある。やはり、当時の日本の基準にそって答えると、間違いにされてしまうようだ。

2 調査プロセスの問題

どうしてこんなことになってしまったのか。本来、国際比較調査をするというのはものすごく大変な話である。調査対象国のことをよく知る研究者同士で密接に協力体制をつくり、長い期間をかけて、それぞれの国の制度や慣習を考慮しながら、共通した内容の質問文を各国向けにつくりあげていく。右にあげたような、診断基準が国によってちがうというような根本的な問題があれば、この過程で修正されるはずだ。

論文三八八頁の説明によると、「スターティング・ファミリーズ」調査の各国版は次のようにしてつくったそうである。

●まず英語版を作成
●潜在的な回答者対象の予備調査を実施
●二言語に翻訳（日本語版もこの時に作成）
●Local fertility expertsがこの翻訳版と英語版をチェックし、修正を提案する
●翻訳者とLocal fertility expertsの間で合意が得られた版を使って調査実施

Local fertility expertsというのは、各地で不妊治療等にあたっている専門家ということだろう。いちおう各国語版調査項目に対するチェックは入っているのだが、それでも問題が残ってしまっているわけだ。

ひとつの可能性は、この専門家が、「不妊」の判定基準のちがいという初歩的な問題を見落としたということだ。英語版と日本語翻訳の全体を照らし合わせるのは大変な作業である。あちこちに翻訳の問題が発生している大部の調査票を見て、問題点を片っ端から洗い出し、改善方法を考える作業を延々とつづけるのだから、たまたま気づかなかった問題があったとしても不思議はない。

もうひとつの可能性は、専門家が問題を指摘したにもかかわらず、調査項目は変更されなかったということである。この調査の手順では、先に英語版を確定させてしまい、予備調査まで済ませてから、そのあとで各国語翻訳版をつくる。その段階になってから「この項目は国によって正解がちがうので変更すべき」という意見を出しても、受け入れてもらえなかったのかもしれない。

これらの推測があたっているかはわからないが、いずれにせよ、国際比較調査を成功させるカギである、比較可能な調査項目をつくる仕組みが、うまく機能していなかったことは確かである。

さらにいえば、論文の説明どおりの手順で進めたとすると、英語版以外は予備調査がおこなわれていないことになる。予備調査とは、調査対象者と同様の立場や状況にある人に答えてもらい、改善のための情報を得る手続きである。この手続きを踏まないまま調査をおこなうと、対象者が勘違いしたり答えにくかったりする変な質問が残ってしまう可能性が高い。

3　得点の高い国と低い国

他の国ではどうなのだろうか？　この「妊孕性知識尺度」の平均値を回答者の居住国別に整理したグラフが、論文に載っている（図6-1）。各国について縦棒が二本ならべてあり、左側の灰色の棒が男性の、右側の黒色の棒が女性の平均得点をあらわす。図の真ん中より左寄りの大きくへこんでいるところが、日本居住者のデータである。この尺度は一三項目からなるが、それぞれ正解を選択すれば一点、それ以外は零点として、全部足して一三で割って一〇〇倍したものが、このグラフの数値である（答えは「正しい」（TRUE）、「間違い」（FALSE）、「分らない」（DON'T KNOW）の三択で、「分らない」と答えた場合も零点あつかいになる）。各国は国連の人間開発指数（Human Development Index: HDI）によって二分されている。グラフ左側が人間開発指数が非常に高い国、右側がそれほど高くない国である。いわゆる「先進国」「開発途上国」にあたる。

図6-1をみると、妊孕性知識尺度の得点が高いのは、ニュージーランド、オーストラリア、イギリス、ポルトガル、デンマーク、カナダなど。低いのは、トルコ、日本、中国、インド、ロシアなどだ。これらの国の特徴をみると、高得点の国は、英語圏か西ヨーロッパ諸国。一方、得点が低いのは、英語との文法的・語彙的な共通性の低い言語（トルコ語、日本語、中国語、ヒンディー語、ロシア語）が使われている国である。[2] 得点の高低は、使用言語に影響を受けている可能性が高い。特に、いちばん得点が低かったトルコのデータについては、一三項目間の相互の関連が弱い（論文三八七頁）ので、単一の次元で妊孕性に関する知識を測った尺度とはそもそもいえない。

もうひとつ、得点に影響しているおそれがあるのは、対象者の集めかたである（高橋、二〇一五）。

図6-1：カーディフ妊孕性知識尺度の居住国別集計

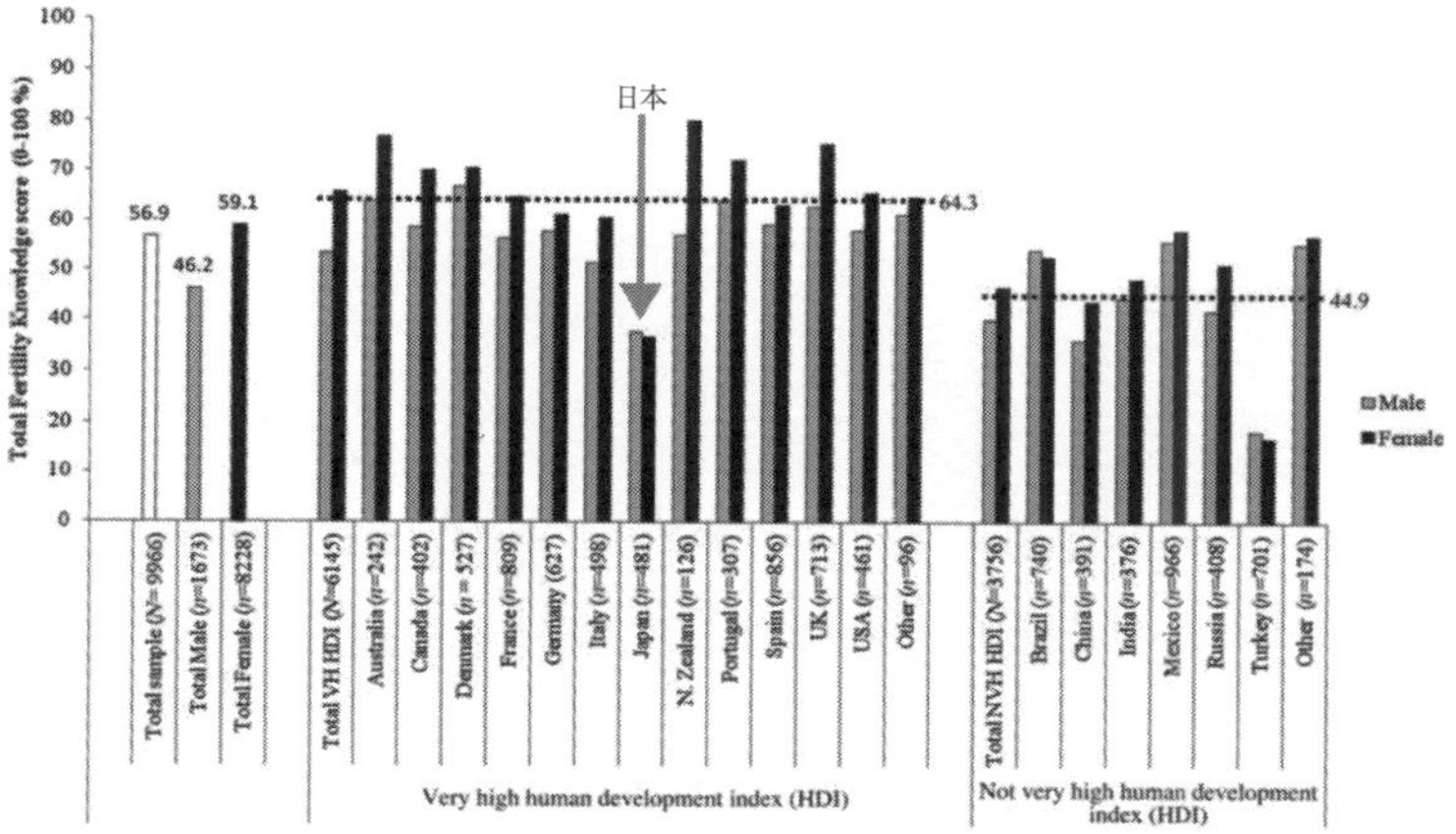

Bunting, L., I. Tsibulsky, and J. Boivin（2013, p.392）
※「日本」の注釈は引用時に加えたもの

論文三八八頁に説明があるのだが、日本、ロシア、中国、インドでは、他の国とはちがった方法で対象者を集めている。日本とロシアでは、社会調査パネル（いわゆるモニター調査）を使って、社会調査会社(3)が調査を担当した。中国とインドでは、社会調査パネルに加えて、不妊治療クリニックで質問紙を配っている。これら四か国以外では、グーグルやフェイスブックの広告と不妊関連サイトなどからのリンクによるオンライン調査をおこなっている。オンライン調査では、不妊関連のウエブサイトをみたり、表示された広告を自らクリックしたりした人が集まるわけだから、必然的に、このテーマへの関心が強くてその種の情報に詳しい人からの回答が多くなる。

このような集めかたをした結果として、対象者には大きな偏りがある。このことについては、論文中に注意がある（三八五、三九三頁）。スポンサーである製薬会社からのプレスリリースでも「文中に登場する国名についても、その内容は〔…中略…〕、必ずしもその国を代表するものではありません」（メルクセローノ、二〇一〇）と断っている。正答率を国ごとにくらべて「日本人の妊娠リテラシーは世界でも最低レベル」とするような単純な主張の根拠に使うことは、そもそも想定されていないのである。

4　調査票の問題

ここまでくると、具体的にどんな質問文だったかを確認したいところである。だが、論文には、妊孕性知識尺度の英語版一三項目のリストが付録にあるだけで、それ以外の質問文は何も載っていない。論文三八七頁には、調査の全体像については参照先URLの記述があり、アクセスするとカーディフ大学サイト内のページに転送されるのだが、そこにはこの調査に関する情報はない。そのページからリンクされているところをあちこち開いてみても同様である。また、調査実施の際に使われたページは、調査当時の入口の記録がインターネット・アーカイブのサイトに残っている(4)。しかし、そこからリンクされていたはずの回答用ページの記録はなく、やはり質問文に関する情報を得ることはできない。

これは、実証研究の成果公表のありかたとして、非常に重大な問題である。どんな調査をしたのか、その具体的な手続きが一切伏せられているということなのだから。

学術論文を雑誌に載せる前には、その分野の専門家による審査がある。この論文の審査員は、調査の内容を検討せずに掲載を許可したのだろうか？ それとも、審査の時までは情報を公開していたサイトが、あとになって消されたのか？ どちらにしても、具体的にどんな調査だったのかがわからないのだから、論文の分析結果についての判断の下しようがない。

こういう場合、最終的な手段として、論文の著者に直接問い合わせることができる（論文にはそのための連絡先が書いてある）。今回は、担当者であるボイバン教授に電子メールでお願いし、日本語版のPDFファイルを送ってもらった（二〇一五年一一月一七日）。

日本語のファイルは、「妊娠に関する意思決定調査」というタイトルである。男性用と女性用にわかれている（どちらも全一七頁）が、内容はほとんど同一で、三か所の文言がすこし変えてある程度のちがいしかない。表紙の次に一頁のあいさつがあり、以下、第Ⅰ部「ご自身の背景について」（半頁）、第Ⅱ部「親となること」（二頁弱）、第Ⅲ部「受精および妊娠の試み」（二頁強）、第Ⅳ部「不妊治療サービスについての知識、信念、経験、意思」（六頁強）、第Ⅴ部「社会状況および自分自身の健康・一般的医療ケアに対する態度について」（三頁）、あとがき「親になること及び妊娠健康問題に関する意思決定」（一頁）のような構成である。妊娠の知識に関する質問は第Ⅲ部にある。いちばん分量が多いのは第Ⅳ部で、不妊治療についての希望・評価や、情報源、他人と議論する頻度などについての質問が並んでいる。なお、実際の調査においては、社会調査会社によるウェブ版が使われている（論文三八八頁）。

入手できたのは日本語版だけだった。だから、ほかの言語と比較して翻訳の質を評価することはできない。しかし、日本語版単独で見ても、不自然な表現や意味がわからない文章はところどころに出てくる。

たとえば、二頁目のあいさつの二つ目の文。

妊娠とは受胎能力、つまり女性が妊娠し、男性が父親になる能力を意味します。

英語原文がどんな文だったかはわからないのだが、たぶん、最初の「妊娠」と二番目の「妊娠」は、原文では別のことばなのだろう。そう考えて原文を推測していくと、言いたいことが何となく想像できるような気もしないわけではないのだが、しかしやはり意味不明な文である。

次の頁に行くと、居住地の選択肢に「田舎地方」、学歴の選択肢に「年制大学」というのがある。意味はまあわかるのだが（「年制大学」は「四年制大学」の間違いだろう）、印象はよくない。さらに次の頁には、「あなたが親になることを決定した時、以下の要素はどのくらい影響を与えましたか」という質問の下位項目で、「自分の教育／トレーニングを終了したい」というのが出てくるが、これは意味がつかめない。かろうじて想像できたのは、学校が嫌いな学生が、子供ができたことを口実にして退学しようと計画する、というような設定なのだが、そんな解釈でいいのだろうか。

そして、「ご自身がまだ妊娠してないと思われている潜在的理由について」の質問。これにもいくつか項目があり、たとえば「私が妊娠してないのは……私が過去に行なった（又は、行なわなかった）ことが理由」という項目について「非常に賛成」「ある程度賛成」……などの選択肢を選ぶよう要求される。女性用の質問文はこれでいいだろうが、男性用のファイルにもこの質問が出てくるところが問題である。男性の回答者は、いったいどう答えればいいのだろうか？

妊孕性知識尺度が載っているのは、この「妊娠してないと思われている潜在的理由」の質問のすぐあとなのだが、ここまでの四頁半を通読するだけでも、不自然な日本語や意味不明な質問文が多数あり、回答者は相当疲弊しているはずだ。きちんと質問の意図を汲んで答えようとするまじめな回答者ほどそうなるだろう。すると、途中でいやになって回答をやめてしまう人が出てくる。この調査では、最後まで回答した者だけが記録されるため、途中でやめてしまうと、有効な回答としてあつかわれない。がまん強い人がたくさんいて真摯に最後まで答えたということであれば賞賛に値するが、実際には、質問文を読まずに適当に選択肢を選んだ「不良回答」が多いのではないだろうか。

5　妊孕性知識尺度の問題

さて、妊孕性知識尺度は、一三項目……のはずだが、日本語版では、英語版にはなかった「過去に長期間ピルを用いた女性は妊娠に時間がかかる」という項目が追加されて、一四項目のセットになっている（表6-1）。この一四番目の項目が尺度構成にどのような影響があったかはわからない。ただ、これは項目群の最後におかれていて、他の項目に影響を与えないように配慮されているようで、項目の配列という点ではさほど問題はなさそうだ。

表6-1　妊孕性知識尺度（Cardiff Fertility Knowledge Scale: CFKS）

日本語版	英語版	「正解」
下記に受胎能力に関する文章があります。この内容を「正しい」と思われるか「間違い」と思われるか選んでください。分らない場合には「分らない」に✓印をつけてください。	Instructions: below are some statements concerning fertility. Please indicate whether you believe the statements are TRUE or FALSE of fertility by ticking the appropriate box. If you do not know the answer please tick DON'T KNOW.	
（1）女性は36才を過ぎると受胎能力が落ちる	(i) A woman is less fertile after the age of 36 years.	○

(2) 避妊法を用いずに1年間定期的に性交をして妊娠しない場合に、夫婦は不妊であると分類される	(ii) A couple would be classified as infertile if they did not achieve a pregnancy after 1 year of regular sexual intercourse (without using contraception).	○
(3) 喫煙は女性の受胎能力を低減する	(iii) Smoking decreases female fertility.	○
(4) 喫煙は男性の授精能力を低減する	(iv) Smoking decreases male fertility.	○
(5) 健康なライフスタイルであれば受胎能力がある	(viii) Having a healthy lifestyle makes you fertile.	×
(6) 夫婦10組のうち約1組は不妊である	(v) About 1 in 10 couples are infertile.	○
(7) 男性が精子を産生するなら授精能力がある	(vi) If a man produces sperm he is fertile.	×
(8) 今日では40代の女性でも30代の女性と同じくらい妊娠する可能性がある	(vii) These days a woman in her 40s has a similar chance of getting pregnant as a woman in her 30s.	×
(9) 男性が思春期後におたふくかぜに罹った場合には、後で授精能力の問題につながる可能性が高い	(ix) If a man has had mumps after puberty he is more likely to later have a fertility problem.	○
(10) 月経が無い女性でも受胎能力がある	(x) A woman who never menstruates is still fertile.	×
(11) 女性が13キロ以上太りすぎていると妊娠できないかもしれない	(xi) If a woman is overweight by more than 2 stone (13 kg or 28 pounds) then she may not be able to get pregnant.	○
(12) 男性が勃起できることは、授精能力があることを示す	(xii) If a man can achieve an erection then it is an indication that he is fertile.	×

(13) 性病に罹ったことのある人は受胎能力が減少する	(xiii) People who have had a sexually transmitted disease are likely to have reduced fertility.	○
(14) 過去に長期間ピルを用いた女性は妊娠に時間がかかる		?

日本語版は直接の問い合わせで入手したＰＤＦ版調査票、英語版は Bunting, L., I. Tsibulsky, and J. Boivin (2013: Appendix) による。項目順序は日本語版にそろえた。

項目の配列の点では、英語版では八番目のはずの「健康なライフスタイルであれば受胎能力がある」という項目が、日本語版では五番目に移っているという問題がある。三番目、四番目は喫煙の影響に関する項目なので、英語版にはない「キャリーオーバー効果」が日本語版ではかかっていることになる。「キャリーオーバー効果」(carry-over effect) とは、「前に置かれた質問への回答が後ろに置かれた質問への回答に影響を与えてしまうこと」(田渕、二〇一〇、八八頁) を指す。直前に「喫煙は女性の受胎能力を低減する」「喫煙は男性の授精能力を低減する」(これらは TRUE が「正解」とされている) という質問に答えて喫煙は問題だという認識を強化されたあとにこの質問がくると、多くの人は、健康なライフスタイルが重要だという線にそって回答してしまうだろう。そして妊孕性知識尺度の採点基準では、これは「間違い」と判定される。いわば、質問の並べかたを利用したひっかけ問題になっているのだ。英語版ではこれらの項目は離して配置してあるので、このような効果は出にくい (この第五項目には、ほかにも問題があるが、それらについては後述する)。

一三項目を個々に見ていくと、まず、前述の「不妊の定義」に関する質問（二番目）が、「避妊法を用いずに一年間定期的に性交をして妊娠しない場合に、夫婦は不妊であると分類される」となっており、やはりダメであることがわかる。これに「正しい」と答えないと間違いにされるのだが、当時の日本の基準では「間違い」が正しい。

六番目の「夫婦一〇組のうち約一組は不妊である」（強調は引用者。英語版は About 1 in 10 couples are infertile）では、助詞「は」を使っているため、「一割より多い」という含意が出てしまっている。また、そのような翻訳の問題に加え、この設問では、分母と分子に何をとって計算するかがよくわからない。分母としてどのような年齢層のどのような「夫婦」を想定するかは人によって大きくちがうだろう。分子となる「不妊」についても、日本語の通常の用法としては、妊娠する可能性が全然ない状態を指すだろうが、産科・婦人科の業界用語としては、もっとゆるい基準でふるい分けて医療機関の受診を勧める際に使われている（メルクセローノ、二〇一〇）。そして、右で見たように、そのふるい分けの基準も国によってちがうのである。

これら以外は、内容的にダメというよりは、一読して意味がつかめるかどうかと、つかんだ意味が英語版とおなじかどうかが問題になる。この判断は主観的なもので、人によって感覚がちがうだろう。以下では、私の感覚で、ダメそうなものから順にならべてみた。

まず、一一番目の「女性が一三キロ以上太りすぎていると妊娠できないかもしれない」。日本語のふつうの表現で、「〇〇キロ以上太りすぎる」と言うだろうか？　たぶん、標準的な体重にくらべて、と言いたいのだろうけど。また、妊娠は確率的な現象だから、たまたま「妊娠できない」ことがあるのは当たり前である。

一〇番目の「月経が無い女性でも受胎能力がある」。これは英語版では A woman who never menstruates is still fertile（月経が二度とこなくなった状態の女性であってもまだ妊娠する可能性が十分ある）なのだが、副詞 never と still が訳出されていない。「月経が無い女性でも受胎能力がある」という表現では、出産後・授乳中、生理不順など、さまざまな原因で一時的に止まっているケースを連想して、そのような状況でも妊娠することはありうると考える人が出てきてしまう（この設問については「間違い」が正解とされている）。

一番目の「女性は三六才を過ぎると受胎能力が落ちる」。これは「正しい」と答えるのが「正解」とされている。しかし、この日本語の質問文は「三六才を過ぎると」という表現をとっているため、「三六才までは受胎能力は落ちない」ということを含意してしまっている。受胎能力は三六歳よりも前から低下しはじめるというのがふつうの説明[5]だから、それを知っている人は、この項目には「間違い」と答えてしまいそうである。

九番目の「男性が思春期後におたふくかぜに罹った場合には、後で授精能力の問題につながる可能性が高い」、および一三番目の「性病に罹ったことのある人は受胎能力が減少する」。これら二項目には、似たような訳出上の問題がある。英語版では、前者は more likely to...（……する可能性がより高い）という比較表現であり、絶対的に「可能性が高い」という意味ではない。後者は likely to...（……

する傾向がある）が訳出されておらず、性病にかかると必ず受胎能力が減少するかのような文章になっている。

五番目の「健康なライフスタイルであれば受胎能力がある」。英語版は Having a healthy lifestyle makes you fertile（健康なライフスタイルをとることで妊娠しやすい／させやすい状態になる）となっていて、因果関係を明示した表現である。そこが訳出されていないので、受胎能力を見定めたいときにライフスタイルに着目するのが有効かどうかを問うているように見える。前述のように喫煙に関する項目の直後に置かれてキャリーオーバー効果がかかっていることを考え合わせると、「子供がほしければ喫煙者との結婚を避けたほうがよい」というような趣旨にとられてもおかしくない。

一二番目の「男性が勃起できることは、授精能力があることを示す」は「間違い」が正解だということになっている。しかし、「示す」を「象徴するものとして一般に認識されている」という意味でとらえるなら、あながち間違いではないだろう。英語版は If a man can achieve an erection then it is an indication that he is fertile だから、勃起できることは妊娠させる能力を示す（医学的な）徴候だ、というものであり、ニュアンスがちがう。

四番目の「喫煙は男性の授精能力を低減する」（英語版は Smoking decreases male fertility）、七番目の「男性が精子を産生するなら授精能力がある」（英語版は If a man produces sperm he is fertile）そしてすでに見た九番目と一二番目の各項目では、「授精能力」ということばが回答者にどう理解されるかが問題である。生殖医療の技術を使って授精可能な場合、能力はあることになるのかどうか。英語の fertility や fertile は、動植物の自然状態での繁殖について考える文脈で広く使われる一般的な語だ。だから生殖技術を使っての妊娠は連想されにくいのではないか。これに対して日本語の「授精」は、「人工授精」「顕微授精」のかたちでしかほぼ出てこない専門用語(6)である。生殖医療との関連が真っ先にイメージされる。

以上のように考えてくると、一三項目のうち、一一項目はなんらかの問題を抱えている。そのなかには、あきらかにダメなものもあれば、比較的軽微な問題のものもある。いずれにせよ、改善の余地があることは確かである。

あとは、「喫煙は女性の受胎能力を低減する」(三番目)、「今日では四〇代の女性でも三〇代の女性と同じくらい妊娠する可能性がある」(八番目)の二項目。これらについては、(わたしの主観的な判断では、ということではあるが)内容はいちおう問題なく訳せているのではないかと思う。ただし、質問文として比較可能かどうか(つまり、他言語版と同じ反応を回答者から引き出す刺激になっているか)はまた別の問題であり、その点については別途検討する必要がある。

6　調査結果の政治利用と専門家の責任

以上を総合的に見て評価すると、まず妊孕性知識尺度には、項目選択・配列・翻訳の各側面で問題がある。それに加えて、調査票全体に意味不明な文章が多くて回答者の負担が大きいため、途中で脱落したり、不真面目な回答をしたりしているケースがかなりあることが危惧される。対象者の集めかたが他の国とはちがうために日本の正答率が下がっている（高橋、二〇一五）問題もある。

このように、「スターティング・ファミリーズ」調査は、その質があまりにも低い。日本社会の姿を知るのに適切なデータではない。[7] にもかかわらず、政府内では、内閣府少子化危機突破タスクフォース（二〇一三）会議にこの調査結果のグラフが専門委員（国立生育医療研究センター・齊藤英和氏）によって持ち込まれ、「妊娠可能性や妊娠適齢期等に関する知識度合いは、先進国の中で最下位」として、いわゆる「女性手帳」の創設を検討する根拠として使われた。「女性手帳」導入案は世論の反発が大きく、とりやめられた（第八章参照）。しかしその後、二〇一四年の「新たな少子化社会対策大綱策定のための検討会」では、おなじグラフに「日本はトルコの次に知識が低い」などと赤字で書き加えた資料（齊藤、二〇一四）が使われている。このような議論を経て、「妊娠・出産に関する医学的・科学的に正しい知識」の理解割合は「二〇〇九年で三四％[8]」とする少子化社会対策大綱の現状認識ができあがった。

この過程では、産婦人科関連の専門家団体がキャンペーンを展開し、「日本人は妊娠リテラシーが低い」説を主唱してきた（田中、二〇一六a）。二〇一五年に日本産科婦人科学会など九団体が共同で当時の有村治子内閣府特命担当大臣（少子化対策）に提出した「学校教育における健康教育の改善に関する要望書」参考資料では、「妊娠・出産の知識レベルが、日本は世界に比べ低い水準にあるという研究結果」（日本家族計画協会、二〇一五）として、この調査結果のグラフがあげられていた（序章参照）。質の低い調査に専門家がお墨付きを与えてきたのである。調査の欠陥を指摘した「高校保健・副教材の使用中止・回収を求める会」の二〇一五年一二月の質問状に対しても、これらの九団体は、「妊娠・出産の知識レベルが、日本は各国に比べて低い水準にあるという傾向を示すもの」としてこの調査を使うことが「適切である」と答えている（第二章参照）。

本章でやってきたように、資料をきちんと読んで評価していれば、おかしな調査であることはすぐわかったはずだ。専門家の誰一人として資料を検討しなかったということであれば、怠慢といわざるをえない。(9) 問題点を把握したうえで悪用してきたなら論外である。彼らに足りないのは、「科学」とはどのような営みであるか、どうやって「正しさ」が保証されるのか、専門家はそのためにどのような責任を負うのか、といった事柄についての知識であろう。そして、専門家がその責任を果たさない場合にそなえ、科学的な検証を代行(10)するためのリテラシーを、私たちは身につける必要がある。

【注】

（1） この調査は、Starting Families という名前でおこなわれたようだが、論文等では International Fertility Decision-making Study (IFDMS) と呼ばれている。学術的な調査プロジェクトの正式名称は堅苦しいものであることが多いので、一般向けにわかりやすい名前を別につけることが広くおこなわれている。田中（二〇一五b、二〇一六b、二〇一六c）も参照。

（2） 論文中には、使用言語に着目した分析はない。図6-1は対象者が回答した居住国によって分類されているようであり、どの言語で回答したかは表示されていない。

（3）日本対象の調査は「イプソスヘルスケア」によっておこなわれている。

（4）Internet Archive のサイト http://archive.org で www.startingfamilies.com を検索

（5）たとえば Menken et al.（1986）が歴史人口学などのデータを使って示した、二〇代後半から婚姻内出生率が落ちはじめるグラフ（第一章参照）などがよく使われている。

（6）数理社会学会報告（田中、二〇一六b）の際にフロアから示唆をいただいた。なお、日本で出版された書籍などからの無作為抽出資料による「現代日本語書き言葉均衡コーパス」（国立国語研究所）で「授精」を検索したところ、一〇一件の使用例のうち、八一件が「人工授精」、一三件が「顕微授精」であった（国立国語研究所「少納言」http://www.kotonoha.gr.jp/shonagon/ 全資料・全期間で検索、二〇一六年八月一一日）。

（7）同様の質問項目を持つ日本の調査としては、二〇一四年に東京都文京区が区内居住者からの無作為抽出標本を対象としておこなったものがある。報告書（文京区、二〇一五、一七八頁）からは、カーディフ妊孕性知識尺度と同様の一三項目を英語版の順序でならべたものであることが読み取れる。平均正答率は男性で五二・三％、女性で五五・七％（文京区、二〇一五、七八頁）と相当に高い。この調査について公開されている情報を見るかぎりでは、意味不明な質問文や回答選択肢などはなく、全体の印象として「スターティング・ファミリーズ」調査日本語版よりも格段に質が高い。ただし、肝心の一三項目についてだけ、「著作権上の問題」を理由に、質問文が公開されておらず、これらの質問文がどれくらいマシな翻訳になっているかはわからない。また、文京区は東京都心部であり、日本全国にくらべて高学歴者が多いこと、調査の回収率が二六・三％と低いことなど、考慮すべき問題点が種々ある（田中、二〇一六b）。

「妊娠適齢期」意識に関する海外のデータとしては、ヨーロッパ二五か国での二〇〇六年から二〇〇七年の調査（European Social Survey, Round 3）に、子供を持つのに遅すぎる年齢とは女性の場合には一般的にいって何歳か、という趣旨の設問があった。Billari et al.（2011, p. 619）の分析結果によれば、この設問に四〇歳以上の年齢を答えた回答者はおよそ八割に上る。一方、日本では、二〇一三年の「若者の意識に関する調査」（調査会社「マクロミル」の登録モニターに対するインターネット調査）に、「自分の人生設計上、子どもをもうけるとすれば、遅くとも女性が何歳になるまでに出産を迎えるべきと考えていますか。（既に子どものいる方は、子どもが生まれる前にどのように考えていましたか）」（三菱総合研究所、二〇一三、九三頁）という質問があった。この質問に対して三五歳以上の年齢の選択肢を選んだ回答者は、一割に満たない（三菱総合研究所、二〇一三、七一頁）。質問文や対象者や調査設計の差を度外視して比較していいなら、日本では若いうちに出産すべきという意識が極端に強いという結論を導くこともできるのである。

（8）この「三四％」という数値がどこから出てきたのかも実は不明である。図6‐1に定規をあてて測ると、日本の得点は三七から三八程度である。そのほかには、Bunting et al.（2013）に日本の正答率の数値は出てこない。

(9)「少子化危機突破タスクフォース」の名簿には、佐藤博樹、武石恵美子、松田茂樹といった名前が並ぶ。日本の社会調査業界を代表する専門家たちだ。こうした面々が出席した会議で、このような怪しげな調査結果が通るのだとすれば、いったい専門家は何の役割を果たしていることになるのだろうか。

(10) 本来ならジャーナリストが検証と批判の役割を担うべきである。しかし「スターティング・ファミリーズ」調査に関しては、批判的検討が全くおこなわれないまま、信頼できる国際比較調査であるかのようなイメージが、マスメディアによって付与されてきた(田中、二〇一六b)。

第7章　人口政策の連続と非連続——リプロダクティブ・ヘルス／ライツの不在

……大橋由香子

人生のいろいろな可能性や選択肢がある一〇代の女性に対して、結婚・妊娠・出産をしたほうがいい、それもなるべく早く――そう誘導しようとしたのが、文部科学省『健康な生活を送るために（平成二七年度版）』（以下、副教材）の大きな問題点である。なぜこのような誘導が生まれてきたのか。この章では、近年の「少子化対策」の流れとともに、「産めよ殖やせよ」というスローガンに代表される第二次世界大戦下の人口政策までさかのぼって考えてみる。また、「少子化対策」も含めた人口政策に対する女性たちの対抗《カウンター》理念であるリプロダクティブ・ヘルス／ライツの中身も再確認したい。

1 カイロ国際人口・開発会議における転換

生まれてくる子ども数の減少を日本政府が「少子化」として問題化し取り組むようになったのは、一九九〇年の「1・57ショック」からだと言われている。それまでの合計特殊出生率は、六〇年に一度の丙午（1）（ひのえうま）の一九六六年だけがガクンと下がっていたが、その一九六六年の1・58より低くなった衝撃を現した言葉が「1・57ショック」だ。

一九九四年には、仕事と育児両立のための雇用環境整備をめざすエンゼルプラン、一九九九年には新エンゼルプランが策定され、保育所の拡充、子育て支援などが盛り込まれた。出産すると女性が仕事を続けられない、そのために子どもを産めないという分析からの少子化対策だ。

この一九九〇年代は、七〇~八〇年代に各国の女性運動（フェミニズム）が紡ぎだしたリプロダクティブ・フリーダム／ライツという考え方が、国連や各国政府でも認知されていった時期である。これは、子どもを産むか産まないかは、国や第三者や男ではなく女が決める、女性の体は女性のものという考え方で、以下のような歴史的な背景から生まれた。

一九六〇年代から、世界の人口の急激な増加が問題となり、国連は一九七四年を国際人口年と定め、第三回世界人口会議（一九七四年、ブカレスト）では、人口増加率を下げる各国の目標値が掲げられた。そして、「人口爆発」というセンセーショナルな言葉とともに、開発途上国では、半ば強制的な不妊手術が行われたり、先進国では認可されていない危険な避妊薬が使われ、健康被害と人権侵害を引き起こした。

一方、人口増加政策やキリスト教など宗教の影響から、中絶を禁止する国も存在している。中絶を施術したことで牢屋に入れられたり、非合法の闇中絶によって命の危険にさらされたり、ここでも女性の健康と権利が脅かされていた。

こうした人口政策を進める国際機関や政府代表が集まる第四回国際人口会議（一九八四年、メキシコシティ）に対抗して、世界各地の女性グループがオランダで女と健康国際会議を開いた。「人口管理はいらない、女が決める」をスローガンに、リプロダクティブ・フリーダム／ライツを主張した。

一〇年後の一九九四年、国連の国際人口・開発会議（カイロ）では、従来の強圧的な人口抑制政策への反省から、リプロダクティブ・ヘルス／ライツを明記した「行動計画」が採択された。これは、人口政策におけるパラダイム転換《シフト》である。

リプロダクティブ・ヘルス／ライツとは、すべての側面において、身体的、精神的、社会的に良好な状態にあり、子どもを産むか産まないか、いつ何人産むかは、暴力や強制によって押し付けられるものではなく、カップル、とくに女性が選択する権利であると要約できる。(2)

強圧的な人口抑制策を取るよりも、むしろ女性が教育を受けエンパワーメントされ社会的地位が高くなるほうが、結果として出産数が減るという各国の現実を踏まえた面もある。

なお、日本政府は最初リプロダクティブ・ヘルス／ライツを「妊娠と出産に関する健康／権利」と訳そうとした。だが、この日本語訳では、産むか産まないかを選ぶという肝心なところ、一生を通じての健康という意味合いが失われるため、ＮＧＯの女性たちが「性と生殖に関する健康／権利」に変更するよう要望し、それが政府の訳語になった経緯がある。(3)

また、カイロ会議においては、バチカンやイスラム諸国などから反対があったため、セクシュアル・ヘルス／ライツは明記できず、リプロダクティブ・ヘルス／ライツに含まれているという解釈がなされた。そして翌一九九五年、北京で開かれた世界女性会議では、性的な多様性も含めて、セクシュアル・リプロダクティブ・ヘルス／ライツが提唱された。

このように、一九九五年ごろから世界的にも日本国内でも、産むか産まないかを決めるのは女性の人権だという認識が、粘り強い女性運動の働きかけによってようやく広まってきた。数値目標を設定し、国が上から目線で人口をコントロールする政策は問題であると共有されたはずである。残念ながら日本では、リプロダクティブ・ヘルス／ライツ（性と生殖に関する健康／権利）と明記した法律はできていないが、一九九六年七月の男女共同参画ビジョンには明記された。また同年一一月、堕胎罪の例外規定として中絶許可条件を定めた優生保護法から、「不良な子孫の出生を防止する」という目的や関連する優生条項が削除され、母体保護法に改定された。この法改定の背景に、一連の国際会議におけるリプロダクティブ・ヘルス／ライツの議論も影響している。(4)

2　少子化社会対策基本法の問題点

ところが、この人口問題におけるパラダイム転換の時計の針を逆戻りさせたのが、一九九九年に法案提出され、二〇〇三年に成立した少子化社会対策基本法だと言える。

法律の前文では、少子化の進展は「深刻かつ多大な影響をもたらす。我らは、紛れもなく、有史以来の未曾有の事態に直面」し、「我らに残された時間は、極めて少ない」と危機感を煽る。また、「子どもを生み、育てる者が真に誇りと喜びを感じることのできる社会を実現し」「新たな一歩を踏み出すことは、我らに課せられている喫緊の課題である」と勇ましい。戦争中の一九四一年に制定された人口政策確立要綱（後述）と、どことなく文体や雰囲気が似ている。

第六条は「国民の責務」として「国民は、家庭や子育てに夢を持ち、かつ安心して子どもを生み、育てることができる社会の実現に資するよう努めるものとする」と規定する。この法律の国会審議においても、夢を持つことが責務になることを疑問視する意見もあった。

少子化社会対策基本法には、雇用環境の整備、保育サービス等の充実、地域社会における子育て支援、ゆとりある教育、経済的負担の軽減など、評価できる項目もある。また、母子保健医療体制の充実に不妊治療への助成等も明記されるなど、少子化社会対策に不妊治療が入ったことを歓迎する声と同時に、治療を受けない選択、やめる選択、子どものいない人生が認められなくなるのではないかと危惧する意見もあった。

女性グループや研究者からも反対の声が上がり、野党の要求によって大きく二点が修正された。一つは、前文に「もとより、結婚や出産は個人の決定に基づくものではあるが」という一文が付け加えられたこと。ただし、「基づくものである。」と言い切るのではなく、「基づくものではあるが……」と逆接になり、「少子化の進展に歯止めをかけることが、今、我らに、強く求められている。」とその一文の最後は結ばれている。このことが現在の少子化対策にも影を落としていることは後述する。

もう一つの修正点は、産むのは女性だが育児は男女が担えることが法案からは読み取れないという批判に対して、「生み育てる」という文言に「生み、育てる」と「、」を加えたことである。[(5)]

この少子化社会対策基本法に基づき、少子化社会対策会議が設置され、少子化社会対策大綱が作られることになる。翌二〇〇四年に、子ども・子育て応援プラン、〇七年にはワーク・ライフ・バランスという言葉の提唱、〇八年には「カエル!ジャパン」をキーワードに「カエルの星」認定という試みもなされた(『平成二五年版少子化社会対策白書』など参照)。年を経るごとに、女性の両立支援から、長時間労働や男性の働き方の見直しに力点が移った傾向も見られる。

それでも、「KAROSHI」(過労死)という言葉が海外にも通用するほど、日本の長時間労働は変わらず、男性の家事育児参加は進まない。しかも、不安定・低収入な非正規雇用が拡大したことによって、結婚したくてもできない状況もある。保育所の「待機児童ゼロ」が唱えられて久しいが、二〇一六年春にも「保育園落ちた日本死ね!」というブログが話題になったように、子どもが保育園に入所できず、女性が仕事をやめざるをえない事態が起きている。育児休業制度の中身は(不十分とはいえ)改善されているが、実際に職場で使うにはさまざまな壁が立ちはだかる。職場復帰できても、女性社員は綱渡りのような生活を送り、男性の育休利用は圧倒的に少ない。

そもそも女性は非正規や有期雇用、派遣社員が多い。彼女たちの雇用形態では、妊娠すると、別の理由を挙げて契約が更新されない、雇い止めにされるなど、労働基準法や男女雇用機会均等法で保証される産休や育児休暇の取得すらできないケースもある。

長時間労働の正社員も、雇用が不安定な非正規労働者も、ワーク・ライフ・バランスなど絵に描いた餅というのが実感ではないだろうか。

3　両立支援から晩婚化・卵子老化対策へのシフト

近年の少子化対策は、結婚した女性（カップル）の仕事と育児両立支援から、晩婚化・晩産化現象を踏まえて、結婚していない女性や男性への「婚活」「妊活」支援へと力点が移ってきた。

背景の一つに、不妊治療での教訓がある。結婚年齢が遅くなると自然妊娠が難しくなるが、不妊治療さえすれば赤ちゃんを授かれると一般的には思われてきた。医療関係者は、不妊治療の成功率が低いことを積極的には言わず、患者はなかなか治療を中止できない状態になりがちだった。少子化対策の一環として不妊治療に補助金を出す自治体が増えたものの、出産数はそれほど増えない。そこで、年齢とともに、体外受精の成功率は下がり流産率は高くなることを知らせ、治療を早く開始し、補助金には年齢制限をつけるという意見が医療関係者から出てきた（厚生労働省、二〇一三a）。

そこで「発見」されたのが「卵子の老化」と「日本女性の知識不足」だ。

卵子が老化することを知らないばかりに出産できなかった、妊娠について日本人は知らなさすぎるということがマスコミで取り上げられていった（第四章、第六章参照）。

少子化対策のこうした変化を反映させたのが、「生命（いのち）と女性の手帳」（以下女性手帳と略す）と言えるだろう。二〇一三年五月七日「少子化危機突破タスクフォース」の「妊娠・出産検討サブチーム」の参考資料には、こう書かれていた。

「我が国の国民は、卵子数の変化など妊娠可能性や妊娠適齢期等に関する知識度合いは、先進国の中で最下位、新興国を含めても低位との調査結果がある。……妊娠後に母子手帳を受け取るまで、自らの身体に継続的な関心を持つ女性は少ない」（内閣府少子化危機突破タスクフォース、二〇一三）。「若い世代」に妊娠・出産について関心を持ってもらい、「将来希望する家族」の形成に役立て、晩婚・晩産化を食い止めることが女性手帳の目的で、配布対象は若い世代の女性（一〇代〜二〇代前半）、配布機会は、子宮頸がんワクチン接種時、高校・大学入学時、成人式、企業就職時の健康診断などとされていた。

二〇一三年五月九日国会で蓮舫国会議員はこの女性手帳について質問、これに対して森まさこ内閣府特命担当大臣（少子化対策）（当時）は、「高齢出産、高齢妊娠の難しさ、危険性について啓蒙する」[6]ための一つの資料だと答弁している。

この女性手帳の構想が報道されると、インターネットやSNSを通じて、反発の声が広まっていった。女性の知識不足が少子化の原因かのような認識、女性＝結婚・出産する存在という決めつけ、異性愛を前提とした手帳を、しかも一〇代女性（のみ）に配布するという性的マイノリティへの抑圧と女性差別……さまざまな反対意見が噴出した[7]。結局、女性手帳の作成や配布はなされなかった。

だが、女性手帳を考えた「少子化危機突破タスクフォース」委員たちの問題意識――女性は卵子老化で妊娠しにくくなることを知らない、学校では避妊ばかりを教えていて妊娠・出産適齢期を教えていない、子どもがほしいなら早めに対策（妊活）を始めたほうがいい――は、二〇一五年夏の副教材へと引き継がれていった。

4　戦前・戦中の「産めよ殖やせよ」との比較

少子化対策と晩婚化や非婚化（未婚化）が関連づけられたのはここ数年のことだと書いたが、実は、結婚を早めれば子どもの数が増えるという期待は、今から七五年以上前にも存在していた。「産めよ殖やせよ」という言葉は、日本の侵略戦争時のキャッチフレーズとして知られている。古色蒼然とした人口政策の中身を見てみると、意外にも現在に通じる発想に遭遇する。

一九三三（昭和八）年には内務、文部省後援の下、日本民族衛生学会が毎年一一月一一日を「結婚強調デー」として、「優生学ならびに衛生的見地から従来の性的無謀の誤れたる結婚観念に改革の火の手をあげる」という報道がある（「大阪朝日新聞」一九三三年一一月一八日）。

一九三八（昭和一三）年に厚生省設置、一九四〇年には国民体力法ができて体力手帳が交付された。体力手帳は保護者に配布し、子どもの身長、体重、胸囲、栄養状態、疾病異常、予防接種などを記入するものだった。戦争の拡大に向けて、優秀な兵力・労力の増強は必須なのである。

ところが、一九三八—三九年の出生率がそれまでより低下したという指摘がなされ、政府は危機感を強め、原因を分析する。その結果は、①産児制限思想の普及、②初婚年齢上昇による子ども減少、③農村→都市人口移動による体力低下となった。(8) そこで②の対策として、初婚年齢を下げることを政

図7－1：「これからの結婚はこのやうに」『写真週報』218号（1942年4月29日号）

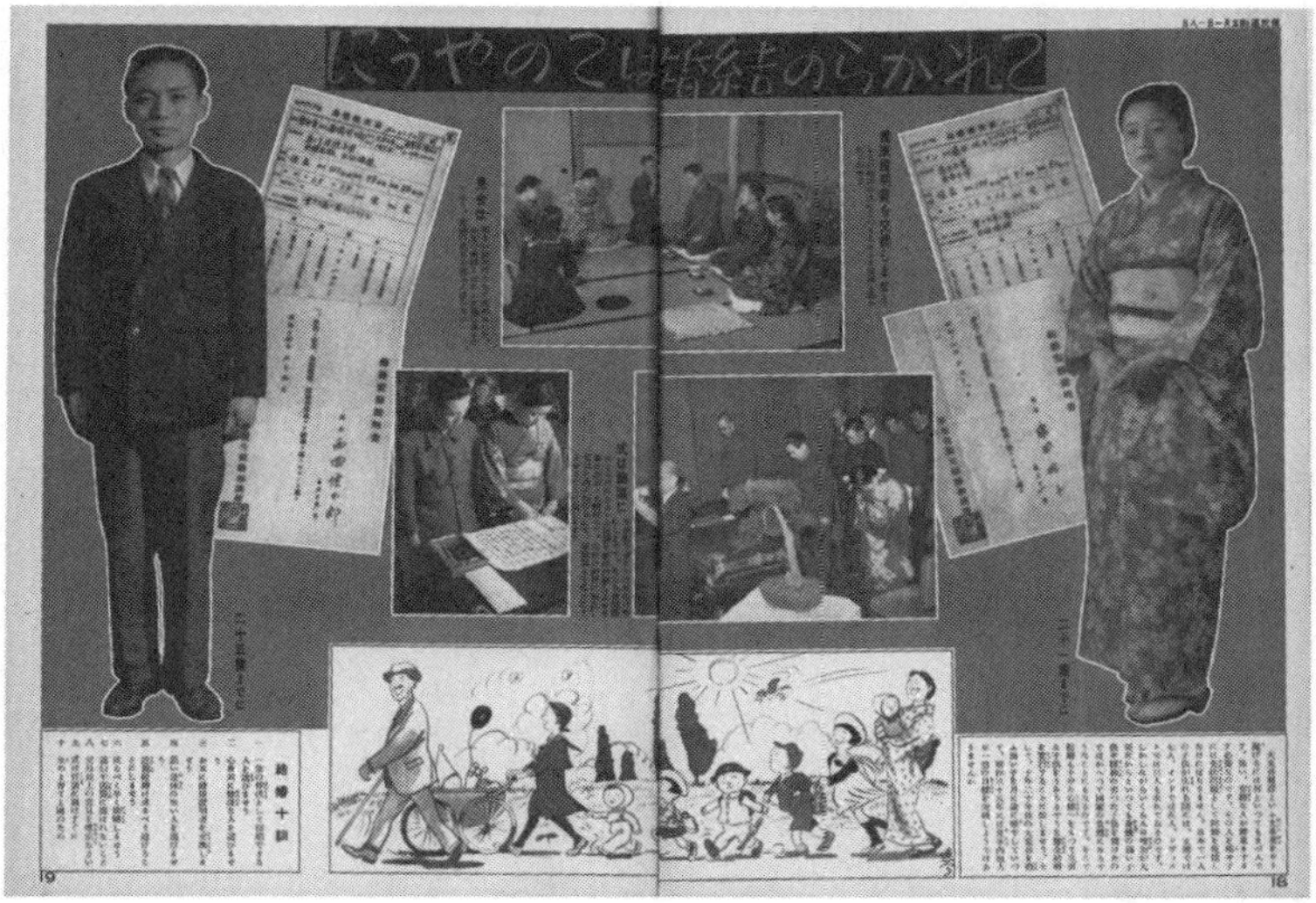

府は考えつく。

一九四一年一月二二日、人口政策確立要綱が閣議決定される。「東亜諸民族に対する指導力を確保」するため、人口の急激で永続的な発展増殖という施策が打ち出された。

人口政策確立要綱には、具体的な数値目標も掲げられた。「昭和三五年総人口一億を目標」とし、今後十年の間に婚姻年齢を現在より三年早め、一夫婦平均五児をもうけることとした。

前年の一九四〇年に厚生省は同じ父母から出生の十人以上の子を育てた家庭を「優良多子家庭」として表彰していた。人口政策確立要綱も多子家庭には物資を優先的に配給し、式を簡素化し結婚費用を低減するよう命じ、経済的に困窮している若者のための結婚貸付制度をうたっている。

人口政策確立要綱の中身を国民に知らせるための記事、「これからの結婚はこのやうに」と題した内閣情報部刊行の『写真週報』二一八号（一九四二年四月二九日号）をみてみよう（図7-1）。見開きの右ページに和服女性の写真、足もとには「二十一歳までに」の文字。左ページには背広にネクタイ姿の男性の写真で、「二十五歳までに」とある。お見合い、簡素な結婚式の写真と、身体検査表、結婚資格証明書の実物写真、そして、夫婦と八人の子どもたちが愉しそうに歩いているイラストが配置される。右下の囲み記事には小さな文字でこう書かれている（以下、引用者が現代仮名遣いにした）。

大東亜の建設という大事業をやり遂げるには何といってもまず人です。強い、有能な人が将来ますます必要なのです。その人を殖やすには先決問題として結婚を促進しなければなりません。日本で一人の子供が生れる間には、支那では七人、インドでは五人、ソヴィエトでは三人も生れているのです。しかしながらいくら人口増加が大切だからといっても身体の弱い子供や精神の劣った子供を儲けたのではかえって国家の負担になるようなことにもなるのです。そこで結婚も十分な心構えをもって立派な子供をうみうるような健全結婚を実行することに致しましょう。そして、十年二十年後の大東亜を担う強い子を月に歳に殖やしていって、昭和三十五年には見事内地人口一億の目標を突破しようではありませんか左ページの下には、政府の結婚の指針を標語の形にした「結婚十訓」が掲げられる。

一　一生の伴侶として信頼できる人を選びましょう
二　心身共に健康な人を選びましょう
三　お互に健康証明書を交換しましょう
四　悪い遺伝の無い人を選びましょう
五　近親結婚は成るべく避けることにしましょう
六　成るべく早く結婚しましょう
七　迷信や因習に捉われないこと
八　父母長上の意見を尊重なさい
九　式は質素に届はすぐに
十　生めよ育てよ国のため

たくさん産むためにも、早めに結婚すべき。しかし、ただ産めばいいわけではなく質のいい子を、というメッセージが、こうしたグラビア記事などを通して国民に伝えられた。

一九四一年に施行された国民優生法の目的は、「悪質なる遺伝性疾患の素質を有する者の増加を防《ぼう》遏《あつ》すると共に健全なる素質を有する者の増加を図り以て国民素質の向上を期する」である。健全な男女が結婚するようにと、『写真週報』のなかにある「結婚資格証明書」を発行する優生結婚相談所は、「優生思想の普及を図り、国民優生法の強化徹底」のために作られた。

人口政策確立要綱には、「扶養家族多き者の負担を軽減すると共に、独身者の負担を加重する」など、二一世紀の現代にも登場しそうな文言も見られる。

もちろん、この頃の結婚や出産は、今とはまったく異なっていた。女性には選挙権もなく、結婚相手は家長が決めるのが当然という時代、戦地〔前線〕に赴く男性に対して、せめて女性は銃後の守りを担い「天皇の赤子《せきし》」を産む「子宝部隊《こだから》」になることが求められた。

ちなみに、人口政策確立要綱では昭和三五年の人口一億人を目標としていたが、実際に日本の人口が一億人を突破したのは一九六七〔昭和四二〕年のこと。そして、二〇一五年安倍政権は、人口一億人維持を数値目標にし、「一億総活躍社会」と「女性が輝く社会」を掲げている。

この道はいつか来た道、歴史は繰り返す、という見方は安易であり、それほど単純なものではないと、私もずっと思ってきた。しかし、少子化対策の変遷を見ていると、発想が戦前と変わらなかったり、引き継がれていたりすることがあまりに多すぎるのだ。

5　妊産婦手帳、母子健康手帳、そして女性手帳？

明治以来、近代化を進める富国強兵政策をとった日本政府は、堕胎禁止令〔一八六九年〕、旧刑法

（一八八〇年）に続き、一九〇七年にできた新刑法でも堕胎の罪として人工妊娠中絶を禁止した（二一〇年後の今でも堕胎罪は存在する）。一九三一年には有害避妊用器具取締規則を施行、産児調節・避妊も禁じられていた。

一方で、新生児や妊産婦の死亡を減らすための方策もとられた。なにしろ、お産は死と隣り合わせ、棺桶に片足を突っ込んでするもの、七歳までは神のうち、などという言い方があったように、戦前は妊産婦死亡率も乳幼児死亡率も高かった。戦前の家制度のもとで嫁の地位は低く、過酷な労働を強いられていた。衛生状態、栄養状態が悪く、妊娠中に医師やお産婆さん（助産婦）の診察を受けない、お産直前まで農作業をする女性も多かった。

そこで、妊娠したら役場に届出をすることで妊婦としての自覚をもってもらい、妊娠中は健康状態に気をつけ、家族（とくに舅や姑）に大事にしてもらえるようにと作られたのが妊産婦手帳である（一九四二年）。

この手帳があれば食糧の配給が優遇されたために、食糧難だった当時は、手帳を普及させる効果があった。ナチスドイツの家族手帳を参考にした人口増強政策であると同時に、妊娠した女性の健康を守る側面があったのも事実だ。とはいえ、それは、女性たちの健康を第一に考えてというのとは違っていた。

大日本婦人会健民部の「健民主任活動のあらまし」（一九四三年）には「妊産婦の心得」として、妊娠中の栄養や病気、空襲時のお産や乳幼児の世話についても具体的に記されているが、こうも書かれている。「丈夫な子は丈夫な母から生れます。妊娠中の養生に心がけて、立派な子を産み、お国につくしませう」。あくまでも、お国のため、立派な子を産むための健康なのである。

この両義的な意味を持つ妊産婦手帳は日本独特なユニークなものだった。敗戦後は児童福祉法のもとで母子手帳と改称され、一九六五年には母子保健法のなかで母子健康手帳という名前に変わりながら、現在も続いている。アジアやラテンアメリカなど海外でも、妊婦の健康管理に有効だとして、日本の母子健康手帳をモデルにして活用されている。

さて、戦前の妊産婦手帳は妊婦に発行されたが、戦後は生まれてくる赤ちゃんに一冊という子ども単位に変化した。一方、妊娠する前の、出産が期待される若い女性のための手帳を配ろうというアイディアも、たびたび浮上している。

一九八五年の母子保健法の改正案のなかには、妊娠前の母性の健康管理のため「母性健康診査」「母性手帳」を設ける、という項目があった。他の項目は、次のようなものだった。

●先天異常児の出生をチェックする「新生児モニタリング（監視）・システム」整備のため全国の病院産婦人科にコンピュータ端末機を入れ常時出産様態を中央に報告すること。
●一歳六か月健診の法定化。
●母子保健事業を都道府県から市町村に移行。

この改正案の三年前、一九八二年は優生保護法から経済的理由を削除する動きへの反対運動が盛り上がりをみせた。その後も女性グループや障害者グループは、母子保健行政のなかで女性の身体への管理が進むと警戒していた。この母性手帳の計画が明らかになると、反対の声が大きくなり、政府は計画を見送ることになる。

一九九九年には女性手帳（仮称）を作る計画が出た。これは、八五年の母性手帳とも二〇一三年の女性手帳とも少し趣旨が異なっている。関連文書からは、一〇代の若者の人工妊娠中絶が増えてきた現状に対して、それを減らすため避妊の知識を伝える意図も含まれていたと想像できる。「生涯を通じた女性の健康施策に関する研究会報告書」提言を踏まえているとも言われた。

そして、二〇一三年の「生命（いのち）と女性の手帳（愛称別途検討）」という提案へとつながっていく。

手帳や冊子を通して国民を啓蒙しようという政策は、戦前も戦後も連続している。

6　性教育バッシング――避妊、中絶が消えていく

最近の少子化対策においては、妊娠についての「知識不足」が口実にされている印象があるが、避妊についての知識不足も深刻である。

日本でも、命の大切さを基本に、男女の体の違いが差別に結びつかない男女平等、性の多様性など

を尊重した性教育が、現場の教員たちによって模索されてきた。

　ところが、一九九〇年代後半になると、男女共同参画の施策、女性学やジェンダー論の広がりに対するバックラッシュ（逆襲）が起きた。この動きの中心人物の一人が山谷えり子国会議員で、夫婦別姓選択制や性教育が攻撃のターゲットにされた。二〇〇一年に母子衛生研究会（厚生労働省所管）が中学生向けに発行した『思春期のためのラブ&ボディBOOK』を「行き過ぎた性教育」だと国会で批判し、二〇〇二年には絶版にして在庫回収をさせた[9]。

　二〇〇三年には、東京都議会の議員たちが、都立七生養護学校での性教育を過激・不適切と決めつける事件が起きた。知的障害を持つ子どもたちが理解しやすいようにと、教員が保護者と相談しながらつくりあげた性教育の内容や人形等の教材を、同行した新聞記者にスカートをめくるなどして撮影させ、アダルトショップ、ダッチワイフのようだと歪曲して報道した。都議会議員の批判に応じるように、東京都教育委員会は人形などの教材を没収し、携わっていた教員を処分する。同じ時期、東京都教育委員会は、式典での日の丸・君が代、職員室での校長命令などをめぐり、教職員の厳重処分を続けていた。そうした状況で、養護学校での意欲的な性教育の実践が処分されたことによって、性教育はタブーになっていく[10]（その後、七生養護学校の教員たちへの処分は、裁判によって不当だという判決が出た）。

　今回の副教材の作成にいたる少子化対策関連の会議等において、「避妊ばかり教えられている」という指摘が散見される。しかし、性教育バッシングや、授業時間の不足などから、からだや性に関する自己決定や選択という理念（リプロダクティブ・ヘルス／ライツ）、避妊、人工妊娠中絶について触れない傾向が強まっていた。

これら性教育バッシングの影響を考えると、今回の副教材に「望まない妊娠を防ぐために」という小見出しが入り、主な避妊法が二行、人工妊娠中絶について四行だけでも書き加えられたことは、画期的と喜ぶべきか、と皮肉を言いたくもなる。

今回の副教材の問題性については、保守派による性教育やフェミニズム（男女共同参画）バッシングによって、性教育が後退させられてきた経緯との関連を考察する必要があるだろう。一〇代の若者、高校生にとって必要な「医学的・科学的に正しい知識」が、妊娠しやすい時期や早めの妊活へと変化してきたことに、現在の社会状況が現れていると言えそうだが、その考察はまた別の機会にしたい。

7　「産む・産まない」選択の形骸化

国レベルでの女性手帳は先述のように計画途中で頓挫したが、現在、各自治体で少子化対策の一環として冊子配布が進んでいる。内閣府平成二六年度少子化対策強化交付金では、各自治体が取り組む結婚・妊娠・出産・育児への「切れ目ない支援」が打ち出された(11)。

ここでは、二つの自治体の冊子を紹介してみたい。

秋田県の高校生向け『少子化を考える高等学校家庭科副読本・考えようライフプランと地球の未

来』（秋田県・秋田県教育委員会発行、平成二八年三月）は、まず、秋田県の出生数減少の原因を女性人口の減少と有配偶率の低下にあると分析する。そのあと、秋田の自慢さがし、子育て両立可能な会社や育休経験者の声を紹介。ファミリー・フレンドリーな企業を応援し、男女とも仕事と育児が両立できる仕組みをつくり、若者（とくに女性）が秋田県から流出せず、地元で暮らせるようにと作られた教材には、好感をもてるページもある。

ところが、それに続いて、女性の年齢の変化による卵子数の変化のグラフが現れる。そして、『いつまでも子どもをもてる』と思いがちだが、……子どもを持つ時期について早くから考えておくことが大切」だと呼びかけたあと、最後に「自分のライフコースを描いてみよう」というページが登場する。

このワークシートは生徒たちが自分で書き込むようになっているが、「私のプラン」のほかに、配偶者と子ども三人の項目が設定されている。記入例には、就職、結婚、出産、退職などの時期を書き込むように作られている。副教材の中にあるA子さんのライフコースの図も同じだが、「標準的」コースだけを示すことは、子どもたちにプレッシャーを与える。例えば、「標準的」に当てはまらない家庭で育った生徒、結婚したいと思わない、子どもがほしいと思わない生徒、異性愛ではない／同性愛の生徒、自分の性別に違和感がある、男か女かに二分できないと感じている生徒は、このページを前にしてどう思うだろうか。自分は異常であり、自分は否定されていると感じてしまう危険があるのではないだろうか。

図7－２：妊活推進の啓発マンガ

－1－

※妊孕力とは妊娠のしやすさ、生児が得られる可能性のことをいう

－4－

－18－

（出典『今 伝えたい！ いつかは子どもを…と考えているあなたたちへ』発行、大分県福祉保健部健康対策課、平成25年7月）

この二六年度地域少子化対策強化事業実施要領でも、「結婚や妊娠、出産など個人の考え方や価値観に関わる問題であり、個人の自由な選択が最優先されるものである」とうたっている。だが、秋田県のこのワークシートは、「若いうちに結婚して三人生むのが理想的コース」という誘導になっており、「個人の自由な選択」を脅かす危険がある。

一方、大分県の妊活推進啓発事業『今伝えたい！　いつかは子どもを…と考えているあなたたちへ』は、産婦人科医の父、専業主婦の母、社会人三年目の娘が大分弁で会話するマンガである（図7－2）。クリスマスケーキと同じく二五歳をすぎると売れ残りだ、と時代錯誤なことを口走る母を父がたしなめ、個人の選択についても父が説明するなど、決して産むことを押しつけるだけの内容ではない。（「愚かな母」「賢明な父」という役割描写に違和感を覚える読者もいると思うが）。

問題は、このマンガの使われ方である。助産師会による無料出前講座が行われていて、そこでのテキストとしてこのマンガが活用されている。出前講座を紹介した動画にも、「選択するのは自分自身、そしてその内容は人それぞれ。そのためにはまず『知ること』です」と掲げられている。これは、「特定の価値観を押し付けたり、プレッシャーを与えたりすることがあってはならないことに留意」（少子化社会対策大綱）を反映していると評価できるだろう。

ところが、このマンガの監修者で動画に専門家として登場する大分大学医学部の楢原久司教授は、卵子老化と、生殖技術を使っても年齢とともに妊娠・出産する率が下がり流産率が上昇するグラフを掲げながら、こう説明する。

「個人個人が自分の選択に基づいて、できるだけ早い時期に『妊娠・出産』を目指してほしい」。つまり、結婚や出産は個人が決めることだが……と前置きはするものの、できるだけ早く、たくさん産んでほしい／産むべきだ、というメッセージが本音として伝わっていくのである。[12]

少子化社会対策基本法において、修正追加された一文が「個人の決定に基づくものであるが、」と逆接になっていた問題が、現実のものになったと思わざるをえない。

8　多様な生き方が尊重されるように

二〇一五年、第四次男女共同参画基本計画でも、産む方向の援助が強調される一方で、産まない場合の支援はほとんど触れられず、リプロダクティブ・ヘルス／ライツの視点が不十分である。また、セクシュアル・マイノリティの人権に関しても問題が多い。

そして、女性の健康の包括的支援に関する法律案（二〇一四年、二〇一六年提出、未成立）の条文には、産むか産まないかを選ぶ選択や権利が出てこない。戦争中の「産めよ殖やせよ」の時代、産児調節に関する事柄は検閲により伏せ字にされた。ところが、二一世紀になって、女性の健康に関して新たに作られる法律に、伏せ字どころか、そもそも「避妊」や「中絶」の文字が登場しないのだ。見えない検閲が存在しているかのような不自然さである。[13]

妊活をあおる動きは、各場面で激化している。「個人の選択です」はほんの付け足しで、産むことを賛美・奨励し誘導する。あなたたちが早く産まないと、地方は消滅し、年金制度も破綻し、日本は滅びてしまうと脅すようにして、そのためにも「女子力」をアップなどという、不可思議なキャンペーンが各地で起きている。「企業子宝率」を調査する自治体も出現している。

二〇一五年の女性の平均初婚年齢は二九・四歳、第一子出産平均年齢は三〇・七歳、結婚願望はあるのだから、約五歳前倒しで出産すれば合計特殊出生率二・〇七が実現できる……そんな数値計算が、全国知事会の二〇一六年七月発表「次世代を担う『人づくり』に向けた少子化対策と子どもの貧困対策の抜本強化」に出てくる。安倍政権の「新たな三本の矢」の一つ「希望出生率一・八」も含め、人口における数値目標は、産むか産まないかを個々人が選ぶという基本的人権を脅かす危険をもつことが認識されるべきである。

有識者として発言する人口学や社会学の一部の研究者たちが、カイロ人口・開発会議に結実したリプロダクティブ・ヘルス／ライツの思想を充分に理解せず（あるいは「枕詞」だけにして）、人口の数値目標設定に無批判であることも問題である。(14)

このような傾向について、国立社会保障人口問題研究所名誉所長の阿藤誠が、安倍政権の国民希望出生率を例に、次のように警鐘をならしている。

「国民希望出生率を試算し、ひとつの指標として示すことはあってもよい。しかし、その実現を今後一五年間の具体的政策目標とするとなると、地域によっては本来自由であるべき人々のライフスタイルに対する政治的・社会的圧力となり、それがリプロライツ（引用者注・リプロダクティブ・ライツのこと）の侵害を引きおこしかねない。人権を重視する欧米先進諸国のなかで、出生率の具体的数値を政策目標にしている例はない」（阿藤、二〇一五）。

最後に、日本においてずっと「不在」だったリプロダクティブ・ヘルス／ライツを、目に見える形で存在させる＝内実を伴ったものにするにはどうしたらいいか、今後の副教材への期待をこめて考えてみたい。

まず、他者に強制されず、産むか産まないかを自分で選べることは、一人ひとりの権利であること、とくに女性の健康にとって重要であることを説明する。妊娠・出産を前提としたライフコースだけを掲載するのではなく、生き方もセクシュアリティも多様であり、性的マイノリティとされる人はどこにでもいること、いくら不妊治療をしても全員が妊娠できるわけではないこと、家族の形は色々あることを伝える内容にしてほしい。

当初の副教材のグラフが示すように、二二歳前後が妊娠しやすいのであれば、望まない／予期しない妊娠を防ぎたいカップルそして女性には、避妊の情報こそが必要になる。現状の副教材は、コンドームと低容量ピルの名称を記述しているだけで不充分であり、中絶についてはマイナス面が強調されすぎている。一〇代の人工妊娠中絶を減らすには、「寝た子を起こすな」「知らしめるな」という考えから脱却し、情報をきちんと提供し、自分の体も他者の体も大切であり、セックス（性行為）が何をもたらすか若者自身が考える機会をつくるべきだろう。また、デートＤＶや性暴力が多い現状では、男子には女子の意志を尊重することを、女子には男子の要求にノーをいう大切さを知らせたい。各避妊方法の具体的な使い方とメリット、デメリット、緊急避妊法、妊娠しても産めないときの人工妊娠中絶へのアクセス、育てられないときの養子縁組など、伝えるべき内容はたくさんある。冊子とともに、気軽に立ち寄れる相談場所、相談相手も必要とされている。

今回の副教材の四ページからは、産む方向へと誘導する窮屈さばかりが伝わってくる。もっと多様な選択肢を提示し、自由に選べる風通しのよさが求められているのではないだろうか。

【注】

（1）　合計特殊出生率とは、一人の女性が一生の間に生む子どもの数の近似値とみなされることが多い。二より小さいと人口規模は縮小していくことになる。丙午の年に生まれた女性は気性が荒く夫を早死させる／食い殺すという迷信から、出産を控える傾向があった。

（2）　リプロダクティブ・フリーダムやリプロダクティブ・ヘルス／ライツが女性運動から国際機関・政府にどう伝わっていったかは、大橋、二〇一五参照。なお、グローバリゼーションによる格差拡大を踏まえて、リプロダクティブ・ジャスティスという概念もうまれている。

（3）　リプロダクティブ・ヘルス／ライツの受容については、女性と健康ネットワーク、二〇〇〇。原ひろ子、一九九四も参照。

（4）　堕胎罪の例外規定であり人工妊娠中絶を実質的に合法化させていた優生保護法には二つの目的があった。その一つ「不良な子孫の出生を防止する」の文言および関連する優生条項を削除し、もう一つの「母性の生命健康を保護する」だけを残し、名称も母体保護法に変わった。この時、参議院での附帯事項には「リプロダクティブ・ヘルス／ライツ〈性と生殖に関する健康・権利〉の観点から、女性の健康等に関わる施策に総合的な検討を加え、適切な措置を講ずること」とあった。しかしその後、検討も変更もなされていない。堕胎罪と優生保護法については、大橋、二〇一六参照。「不良な子孫の出生を防止する」優生保護法の問題点については、優生手術に対する謝罪を求める会、二〇〇三参照。

（5）「女（わたし）のからだから」二一二号、ＳＯＳＨＩＲＥＮ女（わたし）のからだから発行、二〇〇三年参照。

（6）参議院、二〇一三年五月九日。森氏は同じ答弁の中で、第八章注13にあるとおり、日本の知識普及率が最低という認識も表明している。

（7）反対の動きと主張、「5・19女性手帳に反対する緊急ミーティング」等については、大橋、二〇一三、二〇一五、および「女（わたし）のからだから」三一二号、三一三号　ＳＯＳＨＩＲＥＮ女（わたし）のからだから発行　二〇一三年も参照。

（8）厚生省人口局発行の冊子「出生率より見たる現下の人口問題」一九四二年一二月。戦前・戦中の人口政策と母子保健については、西内、一九八八を参照した。また、当時の出産力の調査結果と分析には、岡崎、一九四〇がある。なお、戦時中は、「大陸花嫁」など外地（日本の植民地）での結婚、傷痍軍人との結婚も奨励された。

（9）「生命尊重ニュース」二〇〇二年七月号、生命尊重センター発行。亀井郁夫「性教育　不足している道徳の視点」『朝日新聞』二〇〇二年八月三一日。それへの反論である小宮山洋子「性教育教材内容正しい　絶版見直しを」『朝日新聞』二〇〇二年一一月九日。

(10)　木村涼子、二〇〇五所収の第六章　イダヒロユキ「家族のあり方とジェンダー・フリー・バッシング」、第八章　金田智之「「道徳主義型教育」とその問題点」、第九章　田代美江子「性教育バッシングを検証する」および、児玉雄二、二〇〇九参照。

(11)　こうした各自治体の少子化対策は、地方創生の動きも原動力になっている。八九六市町村が消えると説いた日本創生会議座長（当時）の増田寛也（増田、二〇一四）などの言説も影響した。

(12)　二〇一六年、成人式や卒業式で、女子は早く赤ちゃんを産むのが大事などという発言が、市長や校長によってなされている。

(13)　リプロの視点から「女性の健康の包括的支援法案」について考える集会実行委員会、二〇一四参照。

(14)　「少子化危機突破タスクフォース」の「妊娠・出産検討サブチーム」として女性手帳を提案し、「新たな少子化社会対策大綱策定のための検討会」のメンバーでもある安藏伸治氏（明治大学）や、「一億総活躍社会に関する意見交換会」第三回（二〇一五年一一月一八日）で発言し、「レジリエンスジャパン推進協議会」の「均衡ある人口基盤の強靭化へ向けた対策検討ワーキンググループ」座長の加藤彰彦氏（明治大学）などは、少子化対策のためには産むか産まないかの選択が軽視されるのは仕方ないと見做しているように、筆者には映る。例えば、安藏伸治「少子化問題を斬る――原因は、未婚化・晩婚化・晩産化にあり」meiji.net　二〇一三年九月一日 http://www.meiji.net/opinion/population/vol09_shinji-anzo、加藤彰彦「出生率向上に必要なのは伝統的拡大家族の再生だ」『月刊正論』二〇一五年一二月号。

第8章 「結婚支援」と少子化対策——露骨な人口増加政策はいかにして現れるか

皆川満寿美

いずれまた何かが起こるだろうと思っていた。「女性手帳」が実現しなかったのだから、次の手が考えられているに違いないのだ。そして、事件は、文部科学省が高校生向けに作成している保健体育の副教材『健康な生活を送るために（平成二七年度版）』の中で発生した。それも、女性の「妊娠のしやすさ」の推移を示すグラフを改ざんして掲載するというものだったのには、たいへん驚かされた。しかも、これについて責任があると思われる人たちや、関係の学会には深刻な反省がみられず、問題は続いている。

このような事件の背景には、二〇一五年三月二〇日に閣議決定された三度目の「少子化社会対策大綱」がある（内閣府、二〇一五a）。そこでは、いわゆる「少子化対策」としては、これまで中央政府が明示的には手をつけてこなかったことが掲げられた。それは、「結婚支援」である。第二次安倍政権は、これを、「三本の矢」の一本「結婚・妊娠・出産支援」として、高く掲げたのである（内閣府少子化危機突破タスクフォース、二〇一三）。本稿では、日本政府の「少子化対策[1]」について簡単に振り返り、そして、この三度目の「少子化社会対策大綱」に至る過程について、そしてまたその後について、今回の事件との関連で検討してみたい。

1　「1・57ショック」から人口問題審議会報告書まで

合計特殊出生率が現在の状態に至る長期低落傾向を示し始めたのは一九七〇年代半ば以降だが、政府がそれを政策課題と捉えたのは、一九九〇年六月の「1・57ショック」時だとされる。

二ヶ月後に「健やかに子どもを生み育てる環境づくりに関する関係省庁連絡会議」が組織され、一九九一年には育児休業法が成立する。一九九二年の『国民生活白書』は、「少子社会の到来、その影響と対応」を副題とした。「はじめに」では、「出生率の低下は、高齢化の急速な展開とあいまって子供や若者の少ない『少子社会』をもたらし、若年・中年層に社会的な負担が増大するとともに、（略）長期的にみて我が国の社会や経済に多大な影響を及ぼすことが考えられる」（経済企画庁、一九九二、一―二頁）と懸念が表明されている。

他方で同白書は、欧米の政策のあり方にふれて、「西欧諸国では一九三〇年代、第二次世界大戦を前に国力増強を目的とし、家族の意向を考慮しない人口増加政策が取られたという過去の経験がある。そのため、今日では、子供を生むか生まないかは個人の選択であるという点を極めて重視しており、明示的に出産を奨励する例はまれである」と、「人口政策」を正面から掲げることには問題があるという自覚を示すこともできた。だが、「しかしながら、各国とも子供を生みたい人々に様々な援助を行う家族政策の充実を進めており、これらの中には人口動向への配慮がうかがわれる例もある」と、異なったニュアンスの表現が続いている（経済企画庁、一九九二、一八六―一九〇頁）。

一九九四年には、「今後の子育て支援のための施策の基本的方向について」（エンゼルプラン）、「緊急保育対策等五か年事業」も策定された。その最終年の一九九九年には、新たに「少子化対策推進基本方針」と「新エンゼルプラン」が策定され、再び五か年の期限で事業が実施されたが、先の「緊急保育対策等五か年事業」は、「保育の量的拡大や低年齢児（〇～二歳児）保育、延長保育等の多様な保育の充実、地域子育て支援センターの整備等」と掲げている。しかし、例えば保育所の数は、全体としては、二〇〇〇年まで減少し続けた。厚生労働省は、二〇〇一年に、「昭和六〇年の二万二、八九九か所をピークに減少していたが、一六年ぶりに増加」と報告したのである。[2] 当然にもというべきか、合計特殊出生率が反転することはなかった。二〇〇四年の「大綱」の後も、「新しい少子化対策」（二〇〇六年）、「「子どもと家族を応援する日本」重点戦略」（二〇〇七年）、「新待機児童ゼロ作戦」（二〇〇八年）、「待機児童解消「先取り」プロジェクト」（二〇一〇年）、「待機児童解消加速化プラン」（二〇一三年）と、「大綱」以外の「対策」が頻繁に打ち出されてきた。合計特殊出生率は、二〇〇六年から微増に転じているが、政策効果とはみなされていない。

一九九七年一月、国立社会保障・人口問題研究所による将来の合計特殊出生率の予測が、「二〇三〇年に1・61」と下方修正された。これに対応して、人口問題審議会[3]は、「少子社会そのものをどう考えるのか、少子化対策をどう考えるのか」について、幅広い視点に立って議論をすることとし、一五回の議論を経て一〇月にとりまとめられたのが、「少なくとも行政レベルでのその後の各種少子化対策の基本理念を提供する画期的提言」（阿藤、二〇〇〇、九〇頁）とされる報告書『少子化に関する基本的考え方について――人口減少社会、未来への責任と選択』（人口問題審議会、一九九七）である。[4] 厚生省（当時）は、同年一月に『少子化の動向と背景――少子化問題を考える』というパンフレットを発行して国民からの意見を求め、全国八カ所で「少子社会を考える市民会議」を開催し、一一月四日にはイイノホールにて「少子社会を考える国民会議」も開催し、機運を盛り上げた。[5]

この『少子化に関する基本的考え方について』では、「少子化の影響」について「概ねマイナスな影響」とし、政府として対応の必要性を明示した。しかしその姿勢は、「個人が望む結婚や出産を妨げる要因を取り除くことができれば、それは個人にとっては当然望ましいし、その結果、著しい人口減少社会になることを避けることが期待されるという意味で社会にとっても望ましい」というものであり、「このような観点から、少子化の影響への対応とともに、少子化の要因への対応についても行っていくべきである」とされたのである。その内容は、「固定的な男女の役割分業や雇用慣行を是正し、子育て支援の効果的な推進を図る」ということだったし、以下のような「少子化の要因への対応に当たっての留意事項」四点が書きこまれたのでもあった（人口問題審議会、一九九七、三五頁）。

1. 子どもを持つ意志のない者、子どもを産みたくても産めない者を心理的に追いつめるようなことがあってはならないこと。
2. 国民のあらゆる層によって論じられるべきであること。

3．文化的社会的性別（ジェンダー）による偏りについての正確な認識に立ち、そのような偏向が生じないようにすること。例えば、女性は当然家庭にいるべき存在といった認識に立たないこと。

4．優生学的見地に立って人口を論じてはならないこと。

そして、この報告書は、「子どもは、次代の社会の担い手となるという意味で社会的な存在であることを認識し、また、高齢者の扶養が公的年金制度により社会化され、介護については公的介護保険制度の導入により社会的な支援を深めようとしている状況も考慮すれば、子どもを育てることを私的な責任（家族の責任）としてだけ捉えるのではなく、社会的な責任である、との考え方をより深めるべきである」（人口問題審議会、一九九七、三四頁）と述べていたことにも留意したい。

人口問題審議会でこの報告書のための議論が行われていた当時は、自社さ政権であった。総理大臣は自民党の故橋本龍太郎であり、連立を解消した後は、同じく橋本、故小渕恵三と続いた。この時期に、男女共同参画社会基本法の立法のための作業が進められており、小渕政権時の一九九九年に、同法が成立している。人口問題審議会での報告書とともに、自社さ政権の成果である。(6) また、第七章でふれられているように、こうした成果の前段として、カイロ会議で結実するリプロダクティブ／ヘルス・ライツの議論、北京会議（第4回世界女性会議）「行動綱領」などの蓄積、運動の高まりがあった。人口問題審議会報告書、男女共同参画社会基本法は、これらを、日本の政治が受けとめたものである。

2　少子化社会対策基本法と二つの少子化社会対策大綱

このような状況に対して異なる動きが出るのは、二〇〇三年の「少子化社会対策基本法」である。この法律は、超党派の議員立法で成立したが、前文で「少子化の進展に歯止めをかけることが、今、我らに、強く求められている」と掲げる出産奨励的な法律であることから、「SOSHIREN女（わたし）のからだから」などの女性団体が廃案を求め、日本弁護士連合会は二度にわたり問題点を指摘した。その結果、前文には修正が入り（上記の文の冒頭に「もとより、結婚や出産は個人の決定に基づくものではあるが」と付け加えられた）、衆参両院での委員会採決に際しては、衆議院では九項目、参議院では一二項目の「附帯決議」が行われた[7]。また、この法律では、第一三条二項において「国及び地方公共団体は、不妊治療を望む者に対し良質かつ適切な保健医療サービスが提供されるよう、不妊治療に係る情報の提供、不妊相談、不妊治療に係る研究に対する助成等必要な施策を講ずるものとする」とされ、不妊治療が関連施策として位置付けられることになった[8]。日本の「少子化対策」について回顧した阿藤誠は、国連人口部が三年ごとに実施している人口政策についての調査で、日本政府は二〇〇三年から、それまでの政策を変更して「出生率を低すぎると認識し、出生率の引き上げのための政策をとっている」と回答したと書いている（阿藤、二〇一〇、一九一頁）。

この法律は、政府に五年ごとの「少子化社会対策大綱」の策定を義務づけ（タイトルは「少子化対策大綱」ではないことに注意してほしい)、年次報告を求めた(白書の名称も、当初は『少子化社会白書』であった)。二〇〇四年六月に閣議決定された最初の「大綱」は、全体としては(仕事と子育ての)「両立支援」的な色彩が強かったといえるものの、「三つの視点」の(3)として、「子育ての新たな支え合いと連帯――家族のきずなと地域のきずな」が入り、「職場優先の風潮などから子どもに対し時間的・精神的に十分向き合うことができていない親、無関心や放任といった極端な養育態度の親などの問題が指摘されている」「人々が自由や気楽さを望むあまり、家庭を築くことや生命を継承していくことの大切さへの意識が失われつつあるとの指摘もある」などといった記述が行われた(内閣府、二〇〇四a、三頁)。人口問題審議会報告書への言及は一切なく、同報告書が強調した四点にかかわる記述もみられない[9]。

こうした点について次の大綱もみてみると、第二次は、小渕優子内閣府特命担当大臣(少子化対策)(当時)のもと策定作業が始まったが、その途中で政権交代し、その作業は、民主党(当時)を中心とする連立政権に引き継がれた。閣僚としてこれを担当したのは、福島瑞穂参議院議員で、二〇一〇年一月、策定された。この文書においては、「これまで進められてきた少子化対策の視点からは、真に子ども・若者のニーズや不安、将来への希望に応える政策を生み出すことはできなかった」として、『少子化対策』から『子ども・子育て支援』へ」と掲げ、名称も、「少子化社会対策大綱」という法律上の名称を避けて、「子ども・子育てビジョン」(内閣府、二〇〇九)とした。また、「基本的な考え方」の冒頭では、「社会全体で子育てを支える」と述べられ、「2.「希望」がかなえられる」では、

「結婚や出産は個人の決定に基づくものであることは言うまでもありません。個人の希望する結婚、出産、子育てを実現するという観点から、子どもを生み育てることに夢を持てる社会を目指します」とされ（内閣府、二〇〇九、四頁）、「リプロダクティブ・ヘルス／ライツ」への言及もみられる（また、「男女共同参画社会の実現」を目指すことも記されている）。

その政策の中心は、現金給付である「子ども手当」であり、また、「高等教育の実質無償化」も導入された。「子ども手当」は「チルドレン・ファースト」を掲げる民主党の看板政策であり、所得制限を行う従来の「児童手当」とは異なり、「社会全体で子どもを育てる、支える」という普遍主義に基づく政策として実施された。しかしながら、この政策は、野党から「バラマキ」批判を浴び、また、普遍主義的政策の意味を理解しないマスメディアからも適切な扱いを受けられず、予算上の裏付けがなかったことを批判され、再び政権交代する中で、名称を再び児童手当と変更するとともに所得制限を導入した。

他方で、民主党政権が構想し、議論を進めていた「子ども子育て新システム」は、三党合意により修正を受けながら、二〇一五年四月、「子ども・子育て支援新制度」として実現している。実現させたのは、第二次安倍政権である。政府広報は、この制度について、「この『子ども・子育て支援新制度』が目指すのは、幼児期の学校教育や保育、地域の子育て支援を量と質の両面から拡充し、社会全体で子どもの育ちや子育てを支えていくことです」と説明している。(10)

3　三度目の大綱──「結婚支援」の登場

さて、新しい「大綱」は、「Ⅰ　はじめに」に続いて、五点の「Ⅱ　基本的考え方」を提示し、五つの「Ⅲ　重点課題」を置く。「Ⅳ　きめ細かな少子化対策の推進」として具体的施策を挙げ、「Ⅴ　施策の推進体制等」では、「まち・ひと・しごと創生本部」との連携を記し、検証・評価のために数値目標を設定する（内閣府、二〇一五ａ）。三月二〇日の記者会見では、有村治子内閣府特命担当大臣（少子化対策）は、「今回は、初めて少子化対策の基本目標を設定するとともに、子育て支援策の一層の充実や、若い年齢での結婚・出産の希望を実現できるようにすること、また、二人目、三人目、四人目という多くのお子さんを授かる多子世帯への一層の配慮をしていくことなど、五つの重点課題を設けております。／結婚支援や多子世帯支援など、従来にはなかった取組であっても、強い意志を持って、御協力をいただきながら書き込みました」（内閣府、二〇一五ｃ）と説明した。

有村大臣は、それまでの記者会見において、策定作業中の「大綱」については独特の強調をしてきた。例えば、「多少、議論が分かれるところであっても、本当に必要だと思うのだったら、歯を食いしばってその大綱に書き込もうという思いで、その指示を明確に出しております」（二〇一五年二月二四日）、「痛くもかゆくもない、そのまま本棚にしまわれるような大綱というのは、この時期にある少子化対策としては不足、十分ではない」「多少、日本が置かれている現実を鑑みれば、とがった意見が出てきても、それは封をしないでおこう」（同三月三日）（内閣府、二〇一五ｃ）。

なかなか大仰だが、こうした物言いで思い起こされるのは、「生命（いのち）と女性の手帳」をめぐる一連の騒動である（後述）。そして、有村大臣が強調しているのは、「結婚支援」であろう。「女性手帳」のようなことがあっても、ひるまずやる、という意志が表明されているのである。「大綱」に先立つ「少子化危機突破のための緊急対策」（二〇一三年六月七日）でも、「少子化対策を『新たなステージ』へ高める観点」が言われ、これまでの対策が「子育て支援」と「働き方改革」が中心となり、「個人の希望の実現という点で政策ニーズが高く、出生率への影響も大きいとされている『結婚・妊娠・出産』に係る課題については、これまでの取組は弱いのが現状」（内閣府、二〇一三ｂ）だとされたのだった。こうした書きぶりは、「大綱」本文でも、そのまま引き継がれ、「本大綱は、従来の枠組みを越えて、新たに、結婚や教育段階における支援を加えるとともに、社会全体を俯瞰して、これまで以上に少子化対策の充実を図る」とされ（内閣府、二〇一五ａ、三頁）、「妊娠や出産などに関する医学的・科学的に正しい知識について、学校教育から家庭、地域、社会人段階に至るまで、教育や情報提供に係る取組を充実させる。特に、学校教育において、正しい知識を教材に盛り込む取組などを進める」（内閣府、二〇一五ａ、九頁）と書きこまれたのであった。

「結婚支援」政策は、少子化の主な原因を女性の未婚化、晩婚化だとするところからくる（二〇一五年、女性の二〇代後半の未婚率は六〇・三％、妻の平均初婚年齢は二九・四歳）（内閣府、二〇一六）。日本では、欧米とは著しく異なり、婚外子の出生はわずかであるため、結婚の動向が子どもの生まれ方にダイレクトに影響すると言えてしまう。「産み終わった」と考えられる「完結出生児数[11]」の最新値は二を切っているのだが、平均理想子ども数、平均予定子ども数は二を切ることはないので、結婚を増やすことができれば出生数も増加すると考えるのはたやすいことである。しかし、第二次安倍政権より前は、「大綱」に述べられている通り、このことが直接政策として掲げられることはなかった。

第二次安倍政権では、まず森まさこ衆議院議員が、「女性活力・子育て支援担当大臣」、また、「内閣府特命担当大臣」として、「消費者及び食品安全、少子化対策、男女共同参画」を担当した。彼女のもとで「少子化危機突破タスクフォース」が設置され（二〇一三年三月。以下「タスクフォース」）、「少子化危機突破のための提案」（同年五月）、「少子化危機突破のための緊急提言」（同年一一月）、「少子化危機突破タスクフォース（第二期）取りまとめ」（二〇一四年五月）、「平成二七年度予算要求・税制改正要望に向けた緊急提言」（同年八月）と、四つの提言が出された後、「新たな少子化社会対策大綱策定のための検討会」による議論を経て、二〇一五年三月の「少子化社会対策大綱」閣議決定にいたるのだが、「タスクフォース」開催早々に発生したのが「女性手帳」騒動だった。

筆者がこのことについて知ったのは、産経新聞の報道（二〇一三年五月五日付け記事）である。そこでは、「タスクフォース」は、「妊娠判明時点で自治体が女性に配布する『母子健康手帳』よりも、早い段階からの『女性手帳』の導入が効果的とする見解を近く取りまとめる」、「医学的に三〇代前半までの妊娠・出産が望ましいことなどを周知し『晩婚・晩産』に歯止めをかける狙い」、「六月に発表する『骨太の方針』に盛り込む方向で調整している」と書かれた。二日後の定例記者会見でこの手帳について問われた森大臣は、「少子化危機突破タスクフォースについても議論は出ましたし、少子化危機突破タスクフォースの妊娠・出産検討サブチームのほうについても御意見が出ているところでございます」と答え、「年をとってから妊娠をすることが非常に難しいということを知らない人が多いということと、年をとってから妊娠をしたとしても、今度出産をするときに、胎児と母体に対して大変リスクが高いということも知識として広まっています。これを中学生か高校生ぐらいのときから知識として広めることによって、将来、女性が自分のライフステージを選択し設計できるようにしていくべきだということが趣旨でございます」（内閣府、二〇一三a）と説明した。

ここまでの流れを関連資料でたどってみると、「結婚・妊娠・出産支援」については、総理大臣からの指示が出ている。二〇一三年四月四日に大臣が官邸で少子化について報告した際のことである。森大臣記者会見によれば、これまでの少子化対策には「結婚、妊娠の支援」が欠けているので、三本目の矢としてこれを加えてやるのだと報告したところ、総理からも支持／指示をもらったという。このとき、前日本産科婦人科学会理事長であり、三月に内閣官房参与に指名された吉村泰典慶應義塾大学教授（当時）と、日本人口学会会長（当時）で、明治大学教授の安藏伸治氏が同行しており（いずれも「タスクフォース」のメンバーである）、妊孕《にんよう》性について若年女性に教育する必要性があるという話も行われていた。

「タスクフォース」の資料では、「手帳」については、四月一六日の会議で安藏委員の資料である「妊娠・出産検討サブチーム（第一回）における主な論点」の中に、「思春期には、避妊のことのみが教育されており、妊娠についての教育はされてこなかったのではないか」、「『女性手帳』（仮称）の配布が効果的ではないか」（内閣府少子化危機突破タスクフォース、二〇一三）などと入っている。[12]

その後の記者会見でも、森大臣は、妊孕性や高齢妊娠・出産の困難性と教育・啓発の必要性についての言及を続け（四月五、九、一二日）、四月二六日には、「女性手帳（仮称）というようなものを早い段階から、学生の段階から女性等に配布をして、そういった教育、啓蒙を行っていくべきではないかというような御意見が多数を占めておりますので、取りまとめの際にそのような意見が報告されるものというふうに思っております」（内閣府、二〇一三a）と発言した。したがって産経新聞の報道には根拠があったといえるのだが、森大臣は、「報道は誤解に基づくもの」と繰り返し、五月九日の参議院内閣委員会でも、森大臣と蓮舫参議院議員のあいだで、派手な応酬が演じられた。[13] 女性運動の側も、妊娠・出産への国家からの圧力を感じ女性のリプロダクティブ・ライツを侵害するものとして、五月一九日に「女性手帳に反対する緊急ミーティング」を開催したり、ネット署名サイトのchange.orgで反対の署名を募るなどし、それらはマスメディアに大きく取り上げられた。そして、五月二八日に取りまとめられた「少子化危機突破のための提案」には、「手帳」についての記載はなかった。[14]

第二期の「タスクフォース」では、新たに広報の専門家を招いて「情報提供チーム」が作られたけれども、このような目立つ手段は出てこなかった。しかしながら、妊孕性についての教育、知識の普及は、極めて重要な論点として残っていた。そうした点で注目されるのは、「学会」や「医師や研究者などの専門家」への言及である。一二月三日の情報提供チーム第二回会議で「学会とのタイアップ」が言われ、[15]二〇一四年三月二五日の情報提供チーム第三回会議では、日本産科婦人科学会未来ビジョン委員会委員長で岡山大学大学院医歯薬学総合研究科教授平松祐司氏から、「女性の健康手帳Ｗｏｍａｎ＋」作成プロジェクトについてプレゼンテーションが行われた。[16]四月二一日開催の第二期タスクフォース第三回会議に出された「情報提供チームにおける議論の整理」（資料２）には、「正しい情報提供を」として「妊娠・出産等に関する知識の提供」について、「これらの情報が『正しい情報』として、広く国民に受け入れられるには、医師や研究者などの専門家の役割が重要である」（内閣府少子化危機突破タスクフォース（第二期）、二〇一三‐四）と書かれている。[17]

そして、一年後の三月二日、有村大臣は、日本産科婦人科学会を始めとする九団体の訪問を受け、「学校教育における健康教育の改善に関する要望書」を受け取っている。「医学的観点からも健全な家族形成が促進できるよう、妊娠・出産の適齢期やそれを踏まえたライフプラン設計について十全な教育内容としていただきたい」（日本産科婦人科学会ほか、二〇一五）とし、そのために、学習指導要領に書きこみ、中学、高校の教科書に掲載させ、副教材にも盛り込むことを求めるものだったが、大臣は、翌日の記者会見において、「大綱」の検討会でも同様の議論をしているので、文部科学省始め関係省庁とも連携して、今後の発信方法について検討すると、積極的に応じている（内閣府、二〇一五ｃ）。できあがった「大綱」では、「四　きめ細かな少子化対策の推進」において、「１．各段階に応じた支援」の「④教育」に、次のように入った。四項目のうちの一つである（内閣府、二〇一五ａ）。

④教育
○学校教育段階からの妊娠・出産等に関する医学的・科学的に正しい知識の教育
●個人が将来のライフデザインを描き、妊娠・出産等についての希望を実現できるように、学校教育段階において、専門家の意見を参考にしながら、妊娠・出産等に関する医学的・科学的に正しい知識を適切な教材に盛り込むとともに、教職員の研修などを行う。
●学校教育に加えて、家庭や地域での教育、婚姻届提出時や成人式などの機会を活用した、教育課程修了後の社会人等に対する情報提供が行われるよう取組を進める。
○性に関する科学的な知識の普及
●思春期の人工妊娠中絶やＨＩＶ感染症を含む性感染症問題に対応するため、学校や保健所等において、健康教育や電話相談等を行うなど性に関する科学的な知識の普及を図る。
○妊娠や家庭・家族の役割に関する教育・啓発普及
●妊娠や不妊、家庭・家族の役割について早くから情報提供が行われるように啓発普及を図る。特に、妊娠や家庭・家族の役割については、発達の段階に応じた適切な教育の推進を図る。
○キャリア教育の推進（略）

こうしたことなどから感じられることは、「女性たちに、二〇代で（結婚させて）産ませたい」という強力な意志である。第一子が二〇代で得られれば、第二子、三子も得られやすいだろう（現在の日本社会の状況では、三〇代に入ってから第一子を得るのでは、希望したとしても、第三子まで得るのは難しいだろう）。そのためには多子世帯へのインセンティブが必要である。そのような考え方から、重点課題の（2）として「若い世代での結婚・出産の希望が実現できる環境を整備する」を、（3）として「多子世帯へ一層の配慮を行い、三人以上子供が持てる環境を整備する」が導き出されているのだろう。

もちろん、この大綱は、数値目標に合計特殊出生率や二〇代での婚姻率（未婚率の減少）を掲げたりはしなかった。議論はあったが、結局掲げなかったのである。それは、二〇一五年秋に打ち出された「ニッポン一億総活躍プラン」における「新三本の矢」の第二である「夢をつむぐ子育て支援」のいう「希望出生率一・八」を待たねばならなかった。[18] しかしながら、「教育」として「妊娠・出産に関する医学的・科学的に正しい知識についての理解の割合」を三四％（二〇〇九年）から七〇％（二〇二〇年）とし、「結婚」については「結婚希望実現指標[19]」なるものが考案されており、現状六八％（二〇一〇年）から目標八〇％（二〇二〇年）と掲げられている。

4　増えていく予算のゆくえ

さて、二〇〇四年の『少子化社会白書』には、興味深い記述がある。社会保障給付費の構造について、一九七五年から二〇〇二年までの対象者別の内訳を示して「高齢者重点型」であると指摘し、

「少子化の流れを変えるためにも、大きな比重を占めている高齢者関係給付を見直し、(略)少子化社会対策に関する施策を充実させる必要がある」と主張しているのである[20](内閣府、二〇〇四b、八三―八四頁)。

このような主張は、その後の『少子化社会白書』にも引き継がれ、毎号、日本では、社会保障費用における「家族関連支出」がいかに少ないかが訴え続けられてきたのだが、その訴えが政権によって取り上げられたのは、第一次安倍内閣が二〇〇七年に策定した「『子どもと家族を応援する日本』重点戦略」と麻生内閣での「社会保障国民会議」最終報告であった。前者では、「効果的な財源投入が必要」とされ、二〇〇七年度の児童・家族関連支出額約四兆三三〇〇億円に加え一・五～二・四兆円が必要と計算された[21]。

その後民主党政権において、家族関連予算の大幅な拡充があった。先に記した「子ども手当」と「高校授業料実質無償化」である。前者は、(満額で)一人につき月二万六千円、所得制限なし、一五歳までの支給予定だったが、月一万三千円にとどまり、かつ、野党やマスメディアから「バラマキ」批判を浴びた。新自公政権に代わってからは、「児童手当」として、〇～三歳未満(そして第三子以上)が月一万五千円、三歳～中学卒業までが月一万円、そして所得制限がかけられるようになった。二〇一四年度の年間総支給額は約二・四兆円である(児童扶養手当などを含む)(国立社会保障・人口問題研究所、二〇一六、二六頁)。すでにスタートしている「子ども・子育て支援新制度」にも新たな費用が必要で、消費税の税率上昇分がこれに充てられることになっていたが、それでも足りないとされていたのに（「消費税率の引き上げにより確保する〇・七兆円程度を含めて一兆円超程度の追加財源が必要」と説明された）、税率引き上げは見送られた。

「タスクフォース」は、二〇一四年五月の「少子化危機突破タスクフォース（第二期）取りまとめ」で、フランスやスウェーデンにおける家族関係支出は、GDP比で約三％であるのに対し、日本は約一％であると述べ、「まずは現在の対GDP比約一％の倍に当たる対GDP比二％を目指し、抜本的な少子化対策に取り組むための財源の更なる確保が必要」と主張した（内閣府少子化危機突破タスクフォース（第二期）、二〇一三―一四）。これを受けて、二〇一三年度、一四年度の補正予算で、自治体負担なしの「地域少子化対策強化交付金」（約三〇億円）が認められ、すべての都道府県に交付されたが、二〇一六年版の『少子化社会対策白書』によれば、新規事業として特に「結婚支援」が多く行われたという。[22] 現在この交付金は、「地域少子化対策重点推進交付金」と改称されて当初予算に組みこまれている。金額も大幅に縮小されているが、「・結婚に対する取組／・結婚、妊娠・出産、乳児期を中心とする子育てに温かい社会づくり・機運の醸成の取組」に特化し、「優良事例の横展開を対象」としているそうだ。同白書によると、二〇一三年度での少子化関係予算の対GDP比は、一・二五％となっている。

二〇一六年一一月現在、「結婚の希望を叶える環境整備に向けた企業・団体等の取組に関する検討会」が開催されている。その設置は「希望出生率一・八」を掲げる「ニッポン一億総活躍プラン」による。その設置文書では「若者の結婚の希望が叶えられるような環境を整備するための具体的な施策として、これまで十分でなかった企業・団体等による結婚支援の取組のモデルの創出及びその取組の拡大を図る」と書かれている。[23]交付金をつけて自治体に結婚支援をやらせるだけでなく、企業にもそれをやらせようとしているのである。しかし、職場で社員に向かって結婚への話をするということが(しかも、会社自身がそれをするのである)、社員からセクシュアル・ハラスメントとして訴えられるリスクをもつということを知らない企業は、現在どれほどあるのだろうか。

それでも、対GDP比二%を目指して、予算は増えていくだろう。しかしその使い方が、今進んでいるかたちで進むのであれば、学校教育だけでなく、自治体から社会人へ、さらには企業から社員へと結婚への圧力が高まっていく。出産をめぐって日本社会の息苦しさが強まっていくことになる。「結婚支援」こそは、人口(増加)政策としての「少子化対策」の本質をあらわにする施策なのである。

【注】

(1) 日本政府による戦前・戦中の人口政策については、第七章を参照。「少子化対策」は日本政府に特有の語であることは、マスメディアも含め、一般には知られていない。欧米では「家族政策」という語が用いられている。なお、筆者は、二〇一六年三月に開催された若年女性支援のための集会で、内閣官房の職員(男性)が、この「大綱」について、「初めて政府として少子化対策を掲げた」という意味の発言をするのを耳にしている。

（2）http://www.mhlw.go.jp/houdou/0112/h1227-4.html。他方、利用児童数は、一九九四年に減少から増加に転じている。

（3）一九四九年に内閣に、次いで旧厚生省に一九五三年から二〇〇〇年まで設置されていた審議会。厚生省に置かれていた際も、厚生大臣だけでなく関係各大臣の諮問に応じることができ、所掌も、生活水準、産業構造、資源、受胎調節、国民の資質向上、その他の人口問題と広範だった（阿藤、二〇〇〇、八八頁）。

（4）http://www1.mhlw.go.jp/shingi/s1027-1.html。また、この報告書は、一九九八年に単行本として刊行されている。

（5）この時の厚生大臣は小泉純一郎であった。彼は、国会での演説で初めて少子化についてふれた総理大臣となった。

（6）男女共同参画社会基本法の成立については、NHKの「戦後史証言プロジェクト日本人は何をめざしてきたのか／二〇一五年度『未来への選択』／第2回『男女共同参画社会～女たちは平等をめざす』」で描かれている。同番組のウェブサイトでは、当時参議院議員であり、さきがけの代表として連立政権の中枢にいた堂本暁子前千葉県知事が、より詳しく証言しており注目される。この証言は、番組ウェブサイトで視聴可能である（http://cgi2.nhk.or.jp/postwar/bangumi/movie.cgi?das_id=D0012200041_00000）。

（7）http://www.mhlw.go.jp/topics/bukyoku/seisaku/syousika/030819/7.html

（8）この問題については、（柘植、二〇〇五）を参照。なお柘植は、一九九七年の人口問題審議会報告書においても、不妊治療が施策として位置づけられていく方向性を見出している。

（9）「三つの視点」の（2）冒頭に「結婚や出産は個人の決定に基づくものであることはいうまでもない」と入ってはいるが、これは、法案の修正に平仄を合わせたものだろう。なお、この大綱も含めた「少子化対策」では、時期により、「両立支援」と「全家庭支援」というかたちで、力点の推移がみられるが、紙幅の都合上、詳論は割愛する。

（10）http://www.gov-online.go.jp/useful/article/201510/1.html

（11）「完結出生児数」とは、国立社会保障・人口問題研究所が実施する「出生動向基本調査」において用いられている数値であり、「結婚持続期間（結婚からの経過期間）一五〜一九年夫婦の平均出生子ども数」であり、夫婦の最終的な平均出生子ども数とみなされている。一九四〇年実施の第一回調査では、四・二七人であったが、一九六二年の第四回調査で三を割り、その後は二・〇以上を続けてきたが、二〇一〇年の第一四回調査で、一・九六となった。出生動向基本調査では、理想的な子どもの数、夫婦が実際に持つつもりの子どもの数も尋ねており、それぞれ、「平均理想子ども数」「平均予定子ども数」として、計測されている。

（12）なお、男女共同参画社会基本法制定後の反動（バックラッシュ）として、リプロダクティブ・ヘルス／ライツの考えに基く性教育への攻撃も行われており、このような把握は正確さを欠くと思われる。

（13）そこでも、森大臣は、「私どもも、男女共にこの卵子の老化の事実、高齢妊娠・出産の危険性を、知識を知ることが大切だと思っています。世界の中で、この知識を知っている、日本の知識普及率が最低でございます」と発言している（http://kokkai.ndl.go.jp/SENTAKU/sangiin/183/0058/18305090058005

a.html)。

(14) 五月二八日の大臣発言については、「タスクフォース」開催前の定例記者会見(http://www.cao.go.jp/minister/1212_m_mori/kaiken/2013/0528kaiken.html)、開催後の会見を記録したハフィントンポスト記事を参照(http://www.huffingtonpost.jp/2013/05/29/story_n_3350289.html)。この時、この会議の情報公開についても批判を浴びたせいか、これ以降の「少子化対策」に関する会議については、動画記録がアップされるようになった。

(15) http://www8.cao.go.jp/shoushi/shoushika/meeting/taskforce_2nd/j_2/pdf/gijigaiyou.pdf

(16) これは後に、日本産科婦人科学会編著『HUMAN+ 女と男のディクショナリー』として発行された。タイトルから、内容も変更されていることがわかる。

(17) http://www8.cao.go.jp/shoushi/shoushika/meeting/taskforce_2nd/k_3/pdf/s2.pdf

(18) https://www.jimin.jp/news/press/president/130574.html

(19) 「大綱」では、「注11」として、「結婚の希望(既に希望を実現したと考えられる有配偶者を含む)と、「まち・ひと・しごと創生総合戦略」の期間(五年間)経過後の結婚の実績の対比を指標として設定した。具体的には、「調査時点より五年前における、一八~三四歳の人口に占める有配偶者の割合と五年以内の結婚を希望する者の割合の合計(A)」に対する「調査時点における二三~三九歳の人口に占める有配偶者の割合(B)」の比率(=B/A)を算出」とされている。

(20) また、翌年の白書では、ヨーロッパでは、「低下した出生率にどのように対応するかという『少子化対策』というよりも、子どもやその家族に対して支援を行うことを目的とした『児童・家族政策』として位置づけられている」ことも、紹介されている（内閣府、二〇〇四b、七〇頁）。

（21）http://www.kantei.go.jp/jp/singi/syakaihosyoukokuminkaigi/saishu/siryou_1.pdf

（22）『平成二八年版少子化社会対策白書』、（内閣府、二〇一六、八二頁）（http://www8.cao.go.jp/shoushi/shoushika/whitepaper/measures/w-2016/28pdfhonpen/pdf/column04.pdf）。

（23）二〇一六年一〇月一一日設置決定（http://www8.cao.go.jp/shoushi/shoushika/meeting/kigyo/index.html）。

＊本稿は、（皆川、二〇一四）（皆川、二〇一五）を大幅に加筆修正したものである。

終章　日本の人口政策を世界の流れから見る

……………………柘植あづみ

異質なものを排除しようとする不寛容という塵が世界に静かに降りつもっている。排除の論理を構成するのは、不合理、間違い、こじつけ、嘘と、なんでもありだ。データの都合の良い部分だけを取りあげ、曲解し、あげあしをとり、改ざんもする。当然、排除される立場におかれる者は、その論理のほころびをついて正しく修正するように反論するが、そんなことは意に介さない。多様性を認めることの重要性と正当性の主張が気にくわないのだから、反論は「見解の相違」として退けられてしまう。

これが、平成二七年度版の高校保健・副教材の誤記・表記の不適切さをめぐって異議申し立てをした経験から得た感想だ。この高校保健・副教材事件がもたらした問題は、それを深く掘り下げれば掘り下げるほど、この不寛容社会の一側面をあらわしていると思うようになった。

「妊娠しやすさグラフ」が改ざんされていたことへの抗議からはじまった「高校保健・副教材の使用中止と回収を求める会」の活動は、明らかな間違い箇所を指摘すれば修正されるという気持ちで開始した。少なくとも私はそう思っていた。

ところが、二〇一五年の「少子化社会対策大綱」に、学校教育においても「妊娠や出産などに関する医学的・科学的に正しい知識」を教える必要があると明記された結果としてこの間違いだらけの副教材が作製されたこと、とくに問題の多い四ページの作製は文部科学省ではなく内閣府少子化担当によるものだったこと、産婦人科医などの保健医療に関係する専門家九団体が名前を連ねて「正しい知識」を教えるための協力を申し出た結果として、できあがったのがこの四ページだったことなどから、間違いの数々は、少子化対策という政府の意向を反映して意図的になされたか、意図的ではなくとも作製者の願望や思い込みによって誘導されたと考えるのが妥当だ、と思うようになった。

学校教育の現場において無償配布される副教材に、早く結婚して早く子どもを産みはじめるべきだという人口政策にそった政治的メッセージを盛り込むのは、かなり大きな問題だ、と考える。医師集団が科学性を放棄して政府のプロパガンダの先鋒となるのは、歴史を振り返るまでもなく、深刻な事態である、とも思う。その認識は、文部科学省や内閣府（少子化担当）の人々とも、九団体の人たちとも共有できなかった。残念である。

科学・医学が中立・客観的だなどと信じてはいない。歴史的にも科学者や医学研究者または医師が、高度に政治的・経済的な行動をしてきたのは、わかっているつもりだ。研究ポストや研究費、栄誉、利害をめぐって、人間くさい行動をとってきたことに関する著書や論文をいくつかは読んでいる。しかし、それを知った上でも、高校生をだますような仕業は許せない、と思う。

結婚と出産の年齢が高くなってきたこと、いわゆる晩婚化・晩産化が少子化の原因とされ、早いうちの結婚と出産が期待されるのは「男女で結婚する日本人」に対してである。たとえば結婚しない人、結婚しても子どもを産まない人、結婚しないで子どもを産む人、セクシュアルマイノリティ、日本に住む外国籍の人たちを、この副教材の少子化対策の四ページは想定していない。高校生が多様化していることも理解していない。この副教材は「異質な者」を排除しているともいえる。逆にこの四ページから描き出されるのは、子どもを「生きがい」と感じながら「仕事と子育てを頑張る」人であり、いろいろなリスクが高まる高齢妊娠・出産を避けて早いうちに妊娠・出産する人たちである。また、不妊かもしれないと思ったらすみやかに産婦人科にかかって子どもをもとうと努力する人、つまり政府にとって都合の良い人である。

日本の少子化対策がはじまったのは一九九〇年代である。これは、国家が生殖を管理する人口政策に反対して、女性を性と生殖に関する意思決定の主体とし、子どもを産むか産まないか、いつ産むか、どれだけの間隔をあけて産むか、何人産むかなどは女性とカップルが決定権をもつとしたリプロダクティブ・ライツ（あるいは性と生殖に関する権利）と、リプロダクティブ・ライツに基づく女性の健康を達成するためのリプロダクティブ・ヘルス（あるいは性と生殖に関する健康）の重要性が、世界的に認められるようになった時期と重なる。リプロダクティブ・ライツは「すべてのカップルと個人が自分たちの子どもの数、出産間隔、ならびに出産する時を責任をもって自由に決定でき、そのための情報と手段を得ることができるという基本的権利」であり、その権利には「人権に関する文書にうたわれているように、差別、強制、暴力を受けることなく、生殖に関する決定を行える権利も含まれる。」とされる。

世界では一九六〇年代、七〇年代から、人口が急激に増加している地域（おもに開発途上国）における「人口爆発」が食糧、天然資源の不足をもたらし、地球環境の悪化の要因になっているという危機感があおられてきた。そこで、国連や先進国からの援助とひきかえに、人口抑制政策をとるべきという圧力を受けた国の政府が、女性に対して「家族計画」の押し付けを行なってきた。人口抑制政策では、出産数や出生率を数値で表し、その数値を低減するために強制的に不妊化手術（あるいは断種手術とも呼ばれる）や長期間効果があるかわりに副作用もある避妊手段が使われてきた。

これを人権侵害として反対してきた女性たちの運動によって、限定的とはいえ実現したのが、一九九四年のカイロで開催された国際人口・開発会議における「行動計画」と、一九九五年の北京における世界女性会議の「行動綱領」へのリプロダクティブ・ライツとリプロダクティブ・ヘルスの記述であった。避妊や人工妊娠中絶に反対している国々や宗教的勢力との、長時間にわたる議論と文言の修正が重ねられた末の成果である。

結局、カイロ「行動計画」では、中絶を禁止し、中絶した女性を犯罪者とみなす国では、その国の法律を優先することを書き加えるところまで妥協せざるを得なかったものの、北京「行動綱領」では、リプロダクティブ・ライツは女性の人権として明記された。中絶が禁止されている国では、違法とされる危険な中絶（いわゆる闇中絶）をすることによって後遺症が生じたり、命を落としたりする女性が絶えない。性暴力による妊娠でさえも中絶できない国も存在する。だからこそ、リプロダクティブ・ライツが世界的に提唱された意義は大きい。

このように見てくると、日本は保健医療が整っており、一見、避妊や人工妊娠中絶は女性の選択であるように思われている。しかし、人工妊娠中絶は条件付で合法化されているものの、その土台には中絶した女性を犯罪者とする刑法の条文が存在している。また、日本は、世界で広く利用されている経口避妊薬（ピル）を国連加盟国のなかで最後に認可した国である。「少子化対策」を実施していても出産費用の減免を拡大する政策はとられない。地域によっては出産できる医療施設がなく、妊産婦が長距離の移動をしなければ医師や助産師の見守る出産ができない社会は、開発途上国の課題と重なる。

無事に出産できても、仕事の継続と妊娠・出産・育児のいずれかを選ばなければならない状況に直面する女性やカップルは少なくない。保育園の「待機児童」の膨大な数、妊娠・出産後も職業を継続しようとする女性への職場でのハラスメント（いわゆるマタハラ）、「小一の壁」など、望んでした妊娠であっても手放しでは喜べない社会では「少子化対策」の掛け声がしらじらしく響く。

高校保健・副教材の問題について、とくに「女性の妊娠しやすさの年齢による変化」について議論される際に、かならずと言ってよいほど出される意見がある。「もっと早く知っていれば自分も子どもを産めたのに」といった後悔か、「いまの女性は体外受精などの生殖補助医療を使えば五〇代でも子どもが産めると思っている。子どもが欲しければもっと若いうちに不妊治療に来るべきだ」といった医療者からの苦言である。

仕事のため生活のために、妊娠・出産を後回しにし、結果として妊娠・出産できる年齢をのがしてしまうことは、子どもを望む人にとっては大問題であり、後悔がのこることはよくわかる。妊娠や出産、子育ての知識や情報が若いうちから必要なのは誰もが認めるだろう。しかし、提供される知識や情報が、この高校保健・副教材の内容のように、子どもを若いうちにもつことを奨励し、若いうちに妊娠しないと不妊になるとか、出産にトラブルが伴う割合が高くなるという脅すような情報を流し、さらには体外受精などの不妊治療の成功率（子どもを得られる割合）が低いこともしめさずにそれを推め、避妊や中絶については消極的な情報だけを伝える、そんなことを求めているわけではない。

若年での妊娠であっても、「高齢」（想定されているのは三〇代後半以降）の妊娠であっても、いかにしたら、より不安が少ない妊娠生活を送り、無事に出産できるのか、についての情報が欲しいのである。子どもを望んでいるけれどもなかなか妊娠・出産にいたらないときには、医療にはどんな選択がありどんな限界があるのか、子どもができないことによる社会的・心理的傷つきにいかに対処したらよいのか、子どもができない人への偏見や無理解を減らす社会をいかに築くか、そして子どもを望んでいたけれどもできなかった人たちはどんなふうに生活を豊かで満足できるものにしているのか、そんな情報も必要なのである。

さらに、避妊や中絶についても、疑問や不安について相談したり、選択を促す情報やサポートを入手できる場所が欲しい。このように考えれば、「情報は必要」と主張する人たちが、この高校保健・副教材の内容で満足する理由がわからない。これではまったく不十分、不適切だと、一緒に主張してほしい。

「情報は必要」とする人たちに、もうひとつ知っておいてほしいことがある。リプロダクティブ・ヘルス、リプロダクティブ・ライツの理念が日本でも徐々に普及しはじめた北京女性会議以降に、男女共同参画社会基本法が成立し、国と地方自治体において男女共同参画基本計画が立てられ、実施されている。それが浸透しつつあった時期に生じたのが、男女共同参画の動きや性教育を対象にしたバッシングであった。いわゆる「バックラッシュ」である。ジェンダーフリー教育（ジェンダーに基づく差別がない教育という意味の和製英語）は男女の差を認めない恐ろしい社会を目指しているとこじつけ、性教育が子どもに性行為を奨励しているかのように曲解して批判してきた。その結果、小中学生、高校生だけではなく、男女への性教育やリプロダクティブ・ライツ、リプロダクティブ・ヘルスについての教育または性や生殖についての情報提供や相談の機会が減った。

このバッシングは、現在、少子化対策として若いうちの結婚と出産を奨励し、避妊や中絶を制限しようとし、「卵子の老化」という概念を広め、高齢での妊娠・出産は危険だとすることと重なるのである。この本の各章で述べられているのは、政府、医学・医療の権威、さらにマスメディアが流す情報が、不確かでバイアスがかかっているだけではなく、信用できない、操作され、改ざんされたデータであることがある、ということだ。それが「少子化対策」を盾に推し進められ、その結果、女性も男性も不安をかきたてられる。この責任は誰もとってくれそうにない。

それでも私たちは自分たちで情報を確認し、嘘を見破る力をつけることができる。権威を信じこんでしまわずに、依拠すべき専門家、信頼できる専門家を見分けることも経験によってできるようになる。自分たちで情報を発信することもできる。本書を共同で作製しながら、私はこう確信するようになった。この本がそういった自信と希望をあなたのもとに届けることができることを切に願っている。

あとがき

高校保健・副教材事件があって、すぐに、この事件の詳細を広く伝えるべきだという意見から出版の計画をすすめた。だが、その準備を進めるあいだにも、菅官房長官や浦安市長をはじめとする公人による「産め産め」発言が続き、その背景に、政府や地方自治体の少子化対策の強化の実態がわかってきた。さらに調べると、「卵子の老化」と脅して、結婚や出産を早くするという啓発活動が大々的に行われていること、自治体や企業による「婚活」が国によって推奨されていることがわかってきた。高校保健・副教材事件は、少子化社会対策の大きな動きの氷山の一角だったということに気付かされた。

その全体像を描く必要があると、編者も執筆者も痛切に感じ、企画を練り直した。完成したこの本を通読して、日本の戦前からの人口政策の歴史、少子化社会対策の開始とその方向転換（強化）を振り返りつつ、なぜ今この時代に、この副教材が作成・配布されたのかの流れを明らかにできたのではないか、と肩の荷を降ろせた気がする。

気が付かないうちにこんなひどい事態になっていた、というのは副教材の例に限らない。抗議も異議申し立ても、何もしないでいるとその政権にとって都合のよいイデオロギーが、「科学」や「教育」

に急速にあるいはじわりじわりと浸透してしまう。沈黙は容認していることと同じだからだ。そのことを今回の副教材事件は明らかにし、警鐘を鳴らしてくれた。

本書の意義は、今回の副教材事件を介して、個人の性や生殖、身体への干渉と管理を強めようとしていた少子化対策への抵抗の記録を残したことにある。さらに、この本の出版自体が異議申し立ての実践そのものとなる。それができたのは、緊急集会に駆けつけたり、シンポジウム開催に協力したり、参加・応援してくださった方々に支えられたからである。

最後にこの本の出版を引き受け忍耐強く待ち、ここまで見守っていただいた論創社の森下紀夫さんに心よりの感謝を申し上げる。

二〇一七年四月

編　者

【追記】

この本の校了直前に、それも年度末ぎりぎりになって、高校保健・副教材の平成二八年度版が発行された。私たちが指摘してきた箇所のほとんどが修正・改善されていた。文科省、内閣府（少子化担当）および編集委員会への声が届いたと受け止め、希望を得たことを記しておきたい。

【巻末資料】

文部科学大臣
　下村　博文　様
内閣府特命担当大臣（少子化対策）
　有村　治子　様

要請文

先般より、高校の保健体育の啓発教材『健康な生活を送るために』（平成27年版）の「妊娠のしやすさ」のグラフの改ざんともいえる誤りと、それに対する訂正が出されたことが報じられています。

啓発教材の妊娠・出産・不妊に関する項目は「少子化社会対策大綱」の具体化策の一つとして内閣府が文部科学省と連携して新たに加えたものです。しかし、「誤り」を犯した経緯も、責任の所在も明らかにされていません。しかも、訂正されたグラフと説明にはまだ大きな誤りがあります。

この教材には、問題になったグラフ以外にも、多くの誤りや恣意的にデータ解釈を歪めた箇所、不適切な図の使用などがありますが、特に、妊娠・出産・不妊に関する部分の複数の誤りには重大な問題があります。それらはすべて、若い年齢で妊娠・出産するよう圧力をかける方向での「誤り」です。

有村大臣は、啓発教材を紹介した8月21日の記者会見において「これまであまり取り上げられてこなかった、医学的・科学的に正しい妊娠・出産の知識等について記述をしていただいたことをお知らせいたします」と述べておられます。ところが、この教材は「医学的・科学的に正しい」とは言い難いものであり、間違った知識によって、特に女子高校生たちを若年での妊娠・出産に誘導するという点で、リプロダクティブ・ヘルス／ライツを不当に侵害し、また多様な性や多様な生き方を否定するものです。性感染症等についての記述も不適切、不十分であり、深刻な結果をもたらしかねません。

「少子化対策」を意図して、研究倫理を欠いたかたちでねじまげられた内容が、文部科学省の教材という権威を付与された「科学」として高校生、ひいては社会に浸透していくことを許すことはできません。私たちは啓発教材『健康な生活を送るために』（平成27年版）の使用中止・回収を強く要請します。

つきましては、使用中止・回収に対しての今後の対応について、9月28日までに、文書でご回答ください。

2015年9月11日

「高校生にウソを教えるな！—高校保健・副教材の使用中止・回収を求める緊急集会」参加者一同

人口政策年表1907—2016年（おもに本書の各章の内容を中心に）

年	法律	国の政策	その他
1907	現行刑法（新刑法）公布。堕胎の罪によって中絶は禁止され、現在まで原則禁止		
1933			結婚強調デーの呼びかけ
1940	国民体力法公布。乳幼児体力手帳の交付	優良多子家庭の表彰	
1941	国民優生法公布。優生目的の断種（優生手術）が定められる。優生結婚相談所が設けられる。	「人口政策確立要綱」閣議決定、人口増加のために産めよ殖やせよ施策、初婚年齢を早め、一夫婦平均五児などで昭和三五年総人口一億人を目標	
1942		厚生省令によって妊産婦手帳制度開始	
1947	児童福祉法公布		
1948		前年の児童福祉法にともない妊産婦手帳が母子手帳に変更	
1948	優生保護法公布。優生学的な理由で人工妊娠中絶を認め、不妊（優生）手術の対象拡大		
1949	優生保護法の人工妊娠中絶を認める要件に「経済的理由」が加わる。		

1965	母子保健法公布	母子保健法にともない、母子手帳から母子健康手帳に変更	
1966			合計特殊出生率が丙午（ひのえうま）の年が理由で急低下し、それまで最低の1・58になった。
1972—73			人工妊娠中絶の要件である「経済的理由」の削除、「胎児の障害」の追加、初回分娩の時期指導の導入などを含む優生保護法の改定案が上程。反対運動により廃案。
1974			世界人口会議がブカレストで開催
1982			優生保護法の人工妊娠中絶を認める要件から「経済的理由」を削除しようとする動き
1984			国際人口会議がメキシコシティで開催 女と健康国際会議がオランダで開催
1985			母子保健法改正案に母性健康診査、母性手帳の提案

1990		厚生省「人口動態統計の概況」にて前年の合計特殊出生率が1・57になったと公表。その後1・57ショックと呼ばれる。	
1991		政府「健やかに子どもを生み育てる環境づくりに関する関係省庁連絡会議」設置	
1992		経済企画庁『平成四年 国民生活白書』が少子社会の到来、その影響と対応という副題で発行	
1994		今後の子育て支援のための施策の基本的方向について（エンゼルプラン）策定 緊急保育対策等5か年事業	国際人口・開発会議がカイロで開催、リプロダクティブ・ヘルス／ライツが「行動計画」に記載
1995			世界女性会議が北京で開催され、リプロダクティブ・ヘルス／ライツが「行動綱領」に記載
1996	優生保護法から母体保護法への改定		
1997		人口問題審議会「少子化に関する基本的考え方について」	
1999		少子化対策推進基本方針決定 「重点的に推進すべき少子化対策の具体的実施計画について」（新エンゼルプラン）	

2002	次世代育成支援対策推進法公布	厚生労働省「少子化対策プラスワン」	
2003	少子化社会対策基本法公布	少子化社会対策基本法に基づき、少子化社会対策会議が設置	
2004		少子化社会対策大綱が閣議決定 「少子化社会対策大綱に基づく具体的実施計画について」（子ども・子育て応援プラン）を決定	少子化社会対策基本法に基づき「不妊専門相談センター」と「特定不妊治療費助成」が開始（都道府県が実施）
2006		少子化社会対策会議が「新しい少子化対策について」を決定	
2007		「仕事と生活の調和（ワーク・ライフ・バランス）憲章」および「仕事と生活の調和推進のための行動指針」策定 少子化社会対策会議「『子どもと家族を応援する日本』重点戦略」決定	全国知事会議「子育てポジティブキャンペーン」に関する申合せ決議
2008		政府「新待機児童ゼロ作戦」を発表	
2009		少子化社会対策大綱「子ども・子育てビジョン」の閣議決定	
2010		少子化社会対策会議の下に「子ども・子育て新システム検討会議」が発足	

2011			スターティング・ファミリー調査ボイバン教授来日、報告会
2012	子ども・子育て支援法等、子ども・子育て三法公布	少子化社会対策会議「子ども・子育て新システムに関する基本制度」	NHK「卵子老化の衝撃」放送
2013		少子化危機突破タスクフォース設置 待機児童解消加速化プラン策定 少子化危機突破タスクフォースが「生命（いのち）と女性の手帳（仮称）」の作成・配布を提案 少子化社会対策会議「少子化危機突破のための緊急対策」決定 少子化危機突破タスクフォース（第二期）発足	
2014	次世代育成支援対策推進法改正。有効期限の10年延長と新たな制度の導入	「経済財政運営と改革の基本方針２０１４～デフレから好循環拡大へ～」閣議決定	全国知事会の要望により「地域における少子化対策の強化」が盛り込まれ「地域少子化対策強化交付金」が創設された。 全国知事会議で「少子化非常事態宣言」及び「次世代を担う『人づくり』に向けた少子化対策の抜本強化」を決定、政府に要請

2015

三度目の「少子化社会対策大綱」閣議決定

有村大臣記者会見で高校保健・副教材の発行を紹介。作製は文部科学省と内閣府（少子化社会対策担当）

「少子化社会対策大綱の具体化に向けた結婚・子育て支援の重点的取り組みに関する検討会」最終回開催、提言

「女性の健康の包括的支援に関する法律案」国会提出

有村大臣が副教材の「年齢と妊娠のしやすさ」グラフの誤りを認め謝罪、文部科学省、グラフの正誤表を全国に配布

ニッポン一億総活躍プラン閣議決定。新三本の矢の二本目に夢をつむぐ子育て支援が入る。

全国知事会と有村大臣の意見交換／知事会が「総合的な結婚支援策の必要性について」提出

日本産科婦人科学会など九団体が有村大臣に要望書を提出

副教材への抗議集会「高校生にウソを教えるな！―高校保健・副教材の使用中止・回収を求める緊急集会」開催

抗議集会で決議した要請文を内閣府・文科省に提出し、面談した

「第2弾　高校生にウソを教えるな!シンポジウム　高校保健・副教材にみる専門家の倫理と責任――データ改ざんと出産誘導」開催

副教材の作製に関わった関連団体および有識者への質問状送付

2016
内閣府結婚応援のための全国フォーラム開催 女性の健康の包括的支援に関する法律案国会提出（2回目） 結婚の希望を叶える環境整備に向けた企業・団体等の取組に関する検討会提言
全国知事会「次世代を担う『人づくり』に向けた少子化対策と子どもの貧困対策の抜本強化」にて、安倍総理から希望出生率1・8が公表

【引用文献】

＊和文文献（五〇音順）　※インターネットのURLは全て二〇一七年二月八日最終確認済み

浅田義正　二〇一〇「ＡＲＴとＡＭＨ」*Journal of Mammalian Ova Research.* 二七（四）、二〇八―二一五ページ

阿藤誠　二〇〇〇「人口問題審議会の最終総会に寄せて」『人口問題研究』五六（四）、八八―九三ページ、国立社会保障・人口問題研究所

阿藤誠　二〇一〇「日本の『少子化対策』――二〇年の軌跡とその評価」『人間科学研究』二三（二）、一八七―二〇七ページ、早稲田大学人間科学研究科

阿藤誠　二〇一五「地方創生と少子化対策」ＳＰＡＣＥ　ＮＩＲＡ、二〇一五年一二月二四日　http://www.spacenira.com/columns/1310.html

有村治子　二〇一五「二〇一五年四月二〇日全国知事会（配布資料）」　http://www.nga.gr.jp/ikkrwebBrowse/material/files/group/2/03%20150420syousika.pdf

五十嵐秀樹、松尾幸城、倉智博久　二〇一三「卵子の老化」『Ｗｈｉｔｅ』一（一）、一七―二一ページ、メディカルレビュー社

苛原稔　二〇一五「理事長コメント　文部科学省高校生用啓発教材『健康な生活を送るために』の中の「20・健やかな妊娠・出産のために」に関する意見」日本生殖医学会　http://www.jsrm.or.jp/announce/089.pdf

ＮＨＫ取材班編　二〇一三『産みたいのに産めない――卵子老化の衝撃』文藝春秋

大橋由香子　二〇一三「結婚は少子化対策のためにある？」『現代思想』四一（一二）、一一〇―一一九ページ、青土社

大橋由香子　二〇一五「産むか・産まないか―からだと健康をめぐる女性の運動」『学生のためのピース・ノート２』堀芳枝編著、一六六―一八四ページ、コモンズ

大橋由香子　二〇一六「堕胎罪と優生保護法――中絶をめぐって「女性」と「障害者」が出会うこと」『女も男も――自立・平等』一二八、二二―二八ページ、労働教育センター
岡井崇、綾部琢哉編　二〇一一『標準産科婦人科学　第四版』医学書院
岡崎文規　一九四〇「出産力調査結果の概説」『人口問題研究』一（七）、一―九五ページ、国立社会保障・人口問題研究所
香川則子　二〇一五『私、いつまで産めますか』WAVE出版
河合蘭　二〇一三『卵子老化の真実』文藝春秋
木原正博ほか　二〇一三「主要先進国におけるHIV流行の現状」『高リスク層のHIV感染監視と予防啓発及び内外のHIV関連疫学同行のモニタリングに関する研究』厚生労働科学研究エイズ対策研究事業HIV感染症の動向と影響及び政策のモニタリングに関する研究班（主任研究者木原正博）http://www.aidssti.com/m_006_002.html
木村涼子編　二〇〇五『ジェンダー・フリー・トラブル――バッシング現象を検証する』白澤社（発行）、現代書館（発売）
桑山正成、青野文仁、寺元章吉、加藤修　二〇〇二「除核ドナー卵子へのGV移植によるヒト老化卵子の発生能改善効果」『日本不妊学会雑誌』（学会発表抄録）四七（四）、三四一ページ
経済企画庁　一九九二『平成四年国民生活白書――少子社会の到来、その影響と対応』
厚生科学審議会生殖補助医療部会　二〇〇三『精子・卵子・胚の提供等による生殖補助医療制度の整備に関する報告書』
厚生労働省　二〇一三a『「不妊に悩む方への特定治療支援事業等のあり方に関する検討会」報告書』（平成二五年八月二三日）http://www.mhlw.go.jp/stf/houdou/0000016911.html
厚生労働省　二〇一三b『平成二五年版 厚生労働白書――若者の意識を探る』
児玉雄二　二〇〇九『性教育裁判――七生養護学校事件が残したもの』岩波書店
河野祥平　二〇一五「東京五輪で試される日本のLGBT対応　我々は五輪憲章に沿った『おもてなし』ができるのか」『日経ビジネスオンライン』八月二六日　http://business.nikkeibp.co.jp/atcl/report/15/082

000028/082500003/?rt=nocnt
国立がん研究センターがん対策情報センター　二〇一六「科学的根拠に基づくがん予防　がんになるリスクを減らすために」http://ganjoho.jp/data/public/qa_links/brochure/knowledge/301.pdf
国立社会保障・人口問題研究所　二〇一六『平成二六年度　社会保障費用統計』http://www.ipss.go.jp/ss-cost/j/fsss-h26/H26.pdf
国連合同エイズ計画（ＵＮＡＩＤＳ）二〇一五「ＵＮＡＩＤＳ　用語ガイドライン　２０１５」（日本語版、宮田一雄訳）エイズ予防財団発行　http://api-net.jfap.or.jp/status/pdf/GuidLine_jp.pdf
齊藤英和　二〇一四「妊娠適齢期を意識したライフプランニング」（新たな少子化社会対策大綱策定のための検討会第三回会合資料）http://www8.cao.go.jp/shoushi/shoushika/meeting/taikou/k_3/pdf/s2-1.pdf
齊藤英和　二〇一五「すこやかな妊娠と出産を迎えるために～正しく知ることから始めよう～」読売新聞社主催シンポジウム「妊娠・出産・子育て」ライフデザインフォーラム「未来のチカラを生みだそう」（二〇一五年二月一一日）http://www.yomiuri.co.jp/project/mirai/sympo/sympo06.html
齊藤英和ほか　二〇〇一「加齢と卵巣機能―卵子の受精能を含めて」『産婦人科の実際』五〇（一三）、一九一一―一九一六ページ、金原出版
齊藤英和、齊藤和毅　二〇一五「卵子の老化と妊娠適齢期」『思春期学』三三（一）、一三九―一四六ページ
佐藤慶一　二〇一六「為末大が問う『東京五輪っていったい何のためにやるんですか?』メダル獲得より大事なスポーツの価値とは」『現代ビジネス』一月二二日　http://gendai.ismedia.jp/articles/-/47304?page=3
参議院　二〇一三「第一八三回国会参議院内閣委員会会議録第五号」五月九日
参議院　二〇一六「第一九〇回国会参議院行政監視委員会会議録第二号」五月二八日
塩野徳史ほか　二〇一一「日本成人男性におけるＨＩＶおよびＡＩＤＳ感染拡大の状況――ＭＳＭ（Men who have sex with men）とＭＳＭ以外の男性との比較」『厚生の指標』五八（一三）、一二―一八ページ　http://www.hws-kyokai.or.jp/images/ronbun/all/201111-03.pdf
女性と健康ネットワーク　二〇〇〇『「女性と健康」日本の実態と課題　ＮＧＯレポート二〇〇〇』女性と

健康ネットワーク
人口問題審議会　一九九七　『少子化に関する基本的考え方について――人口減少社会、未来への責任と選択』　http://www1.mhlw.go.jp/shingi/s1027-1.html
杉本公平、鴨下桂子　二〇一四　『誰も教えてくれなかった卵子の話』集英社
高井泰　二〇一五　「体外受精治療の将来展望 卵子老化への対応」『臨床婦人科産科』六九（八）、七七四―七七九ページ、医学書院
高橋さきの　二〇一五　「「妊娠しやすさ」グラフはいかにして高校保健・副教材になったのか」『ＳＹＮＯＤＯＳ』九月一四日　http://synodos.jp/education/15125（『BLOGOS』、『Huffington Post』にも掲載）
高橋さきの　二〇一六　「高校保健副教材の《非科学》――「グラフを見たら疑え」という時代」『RikaTan』四月号、六二―六七ページ
田中重人　二〇一五ａ　「改ざんグラフを持ち込んだ吉村泰典内閣官房参与と関連専門九団体への質問状」、シンポジウム「高校保健・副教材にみる専門家の倫理と責任　データ改ざんと出産誘導」発表資料（一一月三〇日、東京ウィメンズプラザ）　http://tsigeto.info/15w
田中重人　二〇一五ｂ　「「スターティング・ファミリーズ」調査について」、シンポジウム「高校保健・副教材にみる専門家の倫理と責任　データ改ざんと出産誘導」発表資料（一一月三〇日、東京ウィメンズプラザ）　http://tsigeto.info/15v
田中重人　二〇一六ａ　「「妊娠・出産に関する正しい知識」が意味するもの――プロパガンダのための科学?」『生活経済政策』、二三〇、一三―一八ページ
田中重人　二〇一六ｂ　「濫用される国際比較調査と日本の世論形成」第六一回数理社会学会大会発表資料（三月一七日、上智大学）　http://hdl.handle.net/10097/64281
田中重人　二〇一六ｃ　「日本人は妊娠リテラシーが低い、という神話　社会調査濫用問題の新しい局面」『ＳＹＮＯＤＯＳ』六月一日　http://synodos.jp/science/17194
田中重人　二〇一六ｄ　「「高校保健副教材」問題から考える科学リテラシー教育」『まなびの杜』（東北大学広報誌）二〇一六年秋号、一ページ　http://www.bureau.tohoku.ac.jp/manabi/manabi77/manabi77.

pdf#page=2

田渕六郎　二〇一〇「調査票の作成」、轟亮・杉野勇編『入門・社会調査法』法律文化社、七八―九三ページ

佃笑美、井上朋子、橋本周、佐藤学、赤松芳恵、中岡義晴、森本義晴　二〇一五「AMHを考慮したART治療戦略」『日本受精着床学会雑誌』三二（一）、九八―一〇三ページ

柘植あづみ　二〇〇五「人口政策に組み込まれる不妊治療」『国際ジェンダー学会誌』三、九―三四ページ

柘植あづみ　二〇一六「少子化対策の教育への浸潤――『医学的・科学的に正しい知識』とは」『現代思想』四四（九）、二一八―二二七ページ、青土社

電通　二〇〇四『少子化に関する意識調査研究報告書』厚生労働省雇用均等・児童家庭局委託調査　http://www.mhlw.go.jp/topics/bukyoku/seisaku/syousika/040908/

内閣府　二〇〇四a「少子化社会対策大綱」　http://www8.cao.go.jp/shoushi/shoushika/law/t_mokuji.html

内閣府　二〇〇四b『平成一六年版少子化社会白書』

内閣府　二〇〇五a『平成一七年版少子化社会白書――少子化対策の現状と課題』

内閣府　二〇〇五b『平成一七年版国民生活白書――子育て世代の意識と生活』

内閣府　二〇〇九「子ども・子育てビジョン～子どもの笑顔があふれる社会のために～」　http://www8.cao.go.jp/shoushi/shoushika/family/vision/index.html

内閣府　二〇一三a「森内閣府特命担当大臣（消費者及び食品安全、少子化対策、男女共同参画）記者会見要旨」（四月五日、九日、一一日、二六日、五月七日）　http://www.cao.go.jp/minister/1212_m_mori/index.html#lst2013

内閣府　二〇一三b「少子化危機突破のための緊急対策」平成二五年六月七日少子化社会対策会議決定　http://www.kantei.go.jp/jp/singi/kokuminkaigi/dai16/sankou1.pdf

内閣府　二〇一四「新たな少子化社会対策大綱策定のための検討会」議事録　http://www8.cao.go.jp/shoushi/shoushika/meeting/taikou/

内閣府　二〇一五a「少子化社会対策大綱――結婚、妊娠、子供・子育てに温かい社会の実現をめざして」

（二〇一五年三月二〇日閣議決定） http://www8.cao.go.jp/shoushi/shoushika/law/taikou2.html

内閣府　二〇一五ｂ「少子化社会対策大綱の具体化に向けた結婚・子育て支援の重点的取り組みに関する検討会」議事要旨・提言　http://www8.cao.go.jp/shoushi/shoushika/meeting/shien/k_1/index.html

内閣府　二〇一五ｃ「有村内閣府特命担当大臣（規制改革、少子化対策、男女共同参画）記者会見要旨」（二月二四日、三月三日、三月二〇日、八月二一日、九月一日、九月二五日、一〇月二日）　http://www.cao.go.jp/minister/1412_h_arimura/#lst2015

内閣府　二〇一六『平成二八年版少子化社会対策白書』

内閣府少子化危機突破タスクフォース　二〇一三「少子化危機突破タスクフォースの開催について」（第一回―第四回および意見交換会、取りまとめの回の議事次第・配布資料・「提案」・「対策」等文書を含む）　http://www8.cao.go.jp/shoushi/shoushika/meeting/taskforce/

内閣府少子化危機突破タスクフォース（第二期）　二〇一三―一四「少子化危機突破タスクフォース（第二期）の開催について」（第一回―第七回および意見交換会、取りまとめの議事次第・配布資料・「取りまとめ」・「緊急提言」等文書を含む）　http://www8.cao.go.jp/shoushi/shoushika/meeting/taskforce_2nd/index.html

内閣府少子化社会対策会議　二〇一三「少子化危機突破のための緊急対策」　http://www.kantei.go.jp/jp/singi/kokuminkaigi/dai16/sankou1.pdf

西内正彦　一九八八『日本の母子保健と森山豊』母子保健史刊行委員会編、日本家族計画協会

西山千恵子、柘植あづみ　二〇一五「そこまでして早く産ませたい？――ウソを『科学』といいくるめる副教材」ＬＯＶＥ　ＰＩＥＣＥ　ＣＬＵＢ　一一月一一日　http://www.lovepiececlub.com/news/2015/11/11/entry_005932.html

日本家族計画協会　二〇一五「学校教育の改善求め要望書提出――本会、日本産婦人科学会など九団体」『家族と健康』七三二号（三月一日）一面　http://web.archive.org/web/20150826040308/http://www.jfpa.or.jp/paper/main/000430.html#1

日本産科婦人科学会　二〇一二「日本産科婦人科学会ＡＲＴデータ集２０１２」　https://plaza.umin.

ac.jp/~jsog-art/2012data.pdf
日本産科婦人科学会　二〇一五「不妊の定義の変更について」八月　http://www.jsog.or.jp/news/html/announce_20150902.html
日本産科婦人科学会編　二〇一四『ＨＵＭＡＮ＋　女と男のディクショナリー』　http://www.jsog.or.jp/public/human_plus_dictionary/
日本産科婦人科学会ほか　二〇一五「学校教育における健康教育の改善に関する要望書」三月二日　http://www.jsog.or.jp/news/pdf/20150302_youbousyo.pdf
日本生殖医学会　二〇一三「未受精卵子および卵巣組織の凍結・保存に関するガイドライン」　http://www.jsrm.or.jp/guideline-statem/guideline_2013_01.html
根津八紘　二〇〇一『代理出産』小学館
野田聖子　二〇一二「妊娠適齢期についての教育及び若い時期に女性が働きながら産み・育てることができる社会基盤の欠如に関する質問主意書」一一月一六日　http://www.shugiin.go.jp/internet/itdb_shitsumon.nsf/html/shitsumon/181050.htm
原ひろ子　一九九四「カイロ会議をどう位置づけるか——国家主義とリプロダクティブ・ライツ」（インタビュー大橋由香子）『インパクション』八九、八—一六ページ、インパクト出版会
非配偶者間人工授精で生まれた人の自助グループ、長沖暁子編著　二〇一四『ＡＩＤで生まれるということ』萬書房
ボックスＣＪ　二〇〇五『凍れる森』（野口百合子訳）講談社
文京区　二〇一五『結婚・妊娠・出産・育児に関する意識調査報告書』　http://www.city.bunkyo.lg.jp/var/rev0/0107/1736/20157289331.pdf
増田寛也　二〇一四『地方消滅——東京一極集中が招く人口急減』中央公論新社
三菱総合研究所　二〇一三「少子高齢社会等調査検討事業報告書（若者の意識調査編）」（厚生労働省の委託調査）　http://www.mhlw.go.jp/file/04-Houdouhappyou-12605000-Seisakutoukatsukan-Seisakuhyoukakanshitsu/0000022200.pdf

皆川満寿美　二〇一四「どこへ行く『少子化対策』」『女性展望』六六八（五―六）、二―七ページ、市川房枝記念会女性と政治センター
皆川満寿美　二〇一五「三度目の『少子化社会対策大綱』」『女性展望』六七四（五―六）、二―五ページ、市川房枝記念会女性と政治センター
メルクセローノ　二〇一〇「国際的調査結果により、妊娠に関する傾向と不妊治療をためらう原因が明らかに」ニュースリリース七月八日　http://www.merckserono.co.jp/cmg.merckserono_jp_2011/ja/images/20100708_release_Fertility_survey_results_tcm2453_121136.pdf
文部科学省　二〇一四「研究活動における不正行為への対応等に関するガイドライン」八月二六日文部科学大臣決定　http://www.mext.go.jp/b_menu/houdou/26/08/__icsFiles/afieldfile/2014/08/26/1351568_02_1.pdf
文部科学省　二〇一五『健康な生活を送るために（平成二七年度版）【高校生用】』　http://www.mext.go.jp/a_menu/kenko/hoken/08111805.htm
文部科学省初等中等教育局児童生徒課　二〇一五「性同一性障害に係る児童生徒に対するきめ細かな対応の実施等について」　http://www.mext.go.jp/b_menu/houdou/27/04/1357468.htm
文部科学省初等中等教育局児童生徒課　二〇一六「性同一性障害や性的指向・性自認に係る、児童生徒に対するきめ細かな対応等の実施について（教職員向け）」　http://www.mext.go.jp/b_menu/houdou/28/04/__icsFiles/afieldfile/2016/04/01/1369211_01.pdf
山縣然太朗ほか　二〇一二『知っていますか？　男性のからだのこと、女性のからだのこと〜健康で充実した人生のための基礎知識』平成二四年厚生労働科学研究費補助金（成育疾患克服等次世代育成基盤研究事業）「母子保健事業の効果的実施のための妊婦健診、乳幼児健診データの利活用に関する研究」（研究代表者山縣然太朗）　http://www.mhlw.go.jp/file.jsp?id=144718&name=2r98520000035kxv_1.pdf
優生手術に対する謝罪を求める会編　二〇〇三『優生保護法が犯した罪』現代書館　二〇一八　増補新装版
吉村泰典　二〇一三『間違いだらけの高齢出産』新潮社
吉村泰典　二〇一三「卵子の老化―続報―女性の年齢と妊孕力との関係」（吉村やすのり生命の環境研究所、

六月二五日の図2） http://tinyurl.com/pqh9d6p
吉村泰典　二〇一五「女性のからだと卵子の老化」三月四日講演資料　http://www.kenko-kenbi.or.jp/uploads/20150304_yoshimura.pdf
リプロの視点から「女性の健康の包括的支援法案」について考える集会実行委員会編　二〇一四　『報告集　二〇一四・九・六　リプロの視点から「女性の健康の包括的支援法案」について考える集会』同集会実行委員会

欧文文献（アルファベット順）

Baker, T. G. 1972 "Gametogenesis." *Acta Endocrinologica. Supplementum* (Copenhagen). 166: 18-41.
Bendel, J. P. and C. Hua 1978 "An estimate of the natural fecundability ratio curve." *Social Biology*. 25(3): 210-227.
Billari, F. C., A. Goisis, A. C. Liefbroer, R. A. Settersten, A. Aassve, G. Hagestad, and Z. Spéder 2011 "Social age deadlines for the childbearing of women and men." *Human Reproduction*. 26(3): 616-622.
Block, E. 1952 "Quantitative morphological investigations of the follicular system in women: Variations at different ages." *Acta Anatomica* (Basel). 14(1-2): 108-123.
Boivin, J., L. Bunting, I. Tsibulsky, N. Kalebic, and C. Harrison 2010 "What makes people try to conceive? Findings from the international fertility decision-making study." *Human Reproduction*. 25 (suppl 1): i114-i117. (Abstracts of the 26th Annual Meeting of the European Society of Human Reproduction and Embryology, Rome, Italy, 27-30 June 2010)
Bunting, L., I. Tsibulsky, and J. Boivin 2013 "Fertility knowledge and beliefs about fertility treatment: Findings from the International Fertility Decision-making Study". *Human Reproduction*. 28(2): 385-397
Jain, A. K. 1969 "Fecundability and its relation to age in a sample of Taiwanese women." *Population Studies*. 23(1): 69-85.
Menken, J., J. Trussell, and U. Larsen 1986 "Age and infertility." *Science*. 233: 1389-1394.

Mertes, H. 2015 "Does company-sponsored egg freezing promote or confine women's reproductive autonomy?" *Journal of Assisted Reproduction and Genetics*. 32: 1205-1209.

O'Connor, K. A., D. J. Holman, and J. W. Wood 1998 "Declining fecundity and ovarian ageing in natural fertility populations." *Maturitas*. 30(2): 127-136.

Sheps, M. C. 1965 "An analysis of reproductive patterns in an American isolate." *Population Studies*. 19(1): 65-80.

Titus, S., F. Li, R. Stobezki, K. Akula, E. Unsal, K. Jeong, M. Dickler, M. Robson, F. Moy, S. Goswami, and K. Oktay 2013 "Impairment of BRCA1-related DNA double-strand break repair leads to ovarian aging in mice and humans." *Science Translatinal Medicine*. 5(172): 172ra21.

Wood, J. W. 1989 "Fecundity and natural fertility in humans." *Oxford Reviews of Reproductive Biology*. 11: 61-109.

Wood, J. W. 1994 *Dynamics of human reproduction: biology, biometry, demography*. Hawthorne, New York: Aldine de Gruyter.

大塚健祐（おおつか・けんすけ）
1971 年東京都生まれ。1996 年早稲田大学第二文学部卒業。在学中 1994 年に大学非公認サークルであるセクシュアリティ研究会の結成に参画。非正規雇用数年を経て会社員。大学非常勤講師を数年。2015 年よりセクシュアル・マイノリティの人権擁護団体、NPO 法人レインボー・アクション理事。共著書に『機動戦士ガンダムの機密』（データハウス、1994、2008）、『はじめて語るメンズリブ批評』（東京書籍、1999）など。

田中重人（たなか・しげと）
1971 年和歌山県生まれ。1997 年大阪大学大学院博士後期課程退学。大阪大学助手、東北大学講師を経て、東北大学大学院文学研究科准教授。『A Quantitative Picture of Contemporary Japanese Families』（東北大学出版会、2013、編著）、「女性の経済的不利益と家族：分配的正義におけるミクロ・マクロ問題」（『ジェンダー平等と多文化共生』東北大学出版会、2010）、「親と死別したとき：子ども役割の喪失」（『現代日本人の家族』有斐閣、2009）ほか。

大橋由香子（おおはし・ゆかこ）
1959 年東京都生まれ。上智大学文学部社会学科卒。出版社勤務を経てフリーライター・編集者、大学非常勤講師。著書『満心愛の人』（インパクト出版会、2013）、『生命科学者 中村桂子』（理論社、2004）、『キャリア出産という選択――35 歳からの妊娠・出産を応援する』（双葉社、2002）ほか。共編著『異文化から学ぶ文章表現塾』（新水社、2016）『福島原発事故と女たち』（梨の木舎、2012）ほか。「SOSHIREN 女（わたし）のからだから」メンバー。

皆川満寿美（みながわ・ますみ）
1961 年東京都生まれ。1995 年お茶の水女子大学大学院博士後期課程単位修得退学。大学非常勤講師。共編著に『「ジェンダー」の危機を超える！―徹底討論！バックラッシュ』（青弓社、2006）など。近著に、「第 3 次男女共同参画計画改定／第 4 次男女共同参画基本計画策定について」（『ジェンダー法研究』第 2 号、2015）、「女性活躍推進法の成立―成長戦略からポジティブアクションへ」（『国際ジェンダー学会誌』第 14 号、2016）。

執筆者紹介

西山千恵子（にしやま・ちえこ）
1958年東京都生まれ。1987年お茶の水女子大学大学院修士課程修了。大学非常勤講師。『ビデオで女性学』（有斐閣、1999、共著）、「視覚表現におけるフェミニズムの諸実践」（『現代批評のプラクティス3：フェミニズム』研究社、1995）、「『芸術』の驕りと女たちの沈黙」（『森美術館問題と性暴力表現』不磨書房、2013）ほか。共編に『首長たちの挑戦——女が政治を変える』（「女政のえん」編、世織書房、2016）。

柘植あづみ（つげ・あづみ）
1960年三重県生まれ。1994年お茶の水女子大学大学院博士後期課程単位取得退学、1996年博士（学術）。北海道医療大学教員を経て、明治学院大学社会学部教授。主な著書に『生殖技術—不妊治療と再生医療は社会に何をもたらすか』（みすず書房、2012）、『妊娠を考える—<からだ>をめぐるポリティクス』（NTT出版、2010）、『妊娠—あなたの妊娠と出生前検査の経験を教えてください』（洛北出版、2009、共著）

高橋さきの（たかはし・さきの）
1957年東京都生まれ。1984年東京大学農学系研究科修士課程修了。翻訳者。お茶の水女子大学非常勤講師。「身体性とフェミニズム」（江原・山崎編『ジェンダーと社会理論』有斐閣、2006）、「性差をめぐる言説の大転換」（桑原・川野編『（新通史）日本の科学技術第3巻』原書房、2011）、「「生きもの」だと宣言すること」（金森・塚原編『戦後日本の思想水脈2』岩波書店、2016）ほか。訳書にダナ・ハラウェイ『猿と女とサイボーグ』、『犬と人が出会うとき』（青土社、2000、2013）ほか。

三上かおり（みかみ・かおり）
1958年東京都生まれ。1990年早稲田大学理工学研究科博士後期課程修了、理学博士。帝京大学薬学部助手を経て外資系メーカー、教育系NPO勤務の後、2003年よりPCサポート等の自営業。共著書に『しなやかにプロフェッショナル　科学者・技術者をめざすあなたへ』（新水社、2004）、『かがくが好きになる絵本100』（幻冬舎、2015）、女性技術者就労環境に関する報告書（日本女性技術者フォーラム、1993、1996、1999、2005）。

鈴木良子（すずき・りょうこ）
1961年東京都生まれ。フリー編集者・ライター。主な仕事分野は妊娠・出産・育児、女性のからだ、実用医学。自身は不妊に悩み、自助グループ「フィンレージの会」に参加。当事者団体メンバーとして厚生省厚生科学審議会生殖補助医療部会等の委員も務めた経験がある。共著に『人クローン技術は許されるか』（緑風出版、2001）、『基礎助産学3　母性の心理・社会学』（2004、医学書院）など。

文科省／高校「妊活」教材の嘘

2017 年 4 月 30 日　初版第 1 刷発行
2019 年 4 月 20 日　初版第 3 刷発行

編著者　西山千恵子・柘植あづみ
発行者　森下紀夫
発行所　論 創 社
東京都千代田区神田神保町 2-23　北井ビル
tel. 03（3264）5254　fax. 03（3264）5232　web. http://www.ronso.co.jp/
振替口座　00160-1-155266
装幀／宗利淳一
印刷・製本／中央精版印刷　組版／フレックスアート
ISBN978-4-8460-1626-5　